ジオとグラフィーの旅 ⑤

東アジアと
ヨーロッパの旅

外山 秀一 著

古今書院

は じ め に

この「ジオとグラフィーの旅シリーズ」では，ジオとグラフィーという二十歳の男女を設定して，二人の会話形式で進めてゆく。このシリーズを通して，ジオとグラフィーに，地球の自然環境や自然と人とのかかわり，そしてそこに住む人びとの生活，日本や世界の状況，さらには地球や地域がかかえる問題などについて語ってもらう。

具体的には，1「環境と人の旅」，2「自然の旅」，3「人の旅」，4「衣食住の旅」，5「東アジアとヨーロッパの旅」，そして6「地域情報の旅」という内容で，本書は「東アジアとヨーロッパの旅」にあたる。このうち，1と2，6はジオを中心に，3と4，5はグラフィーを中心に話が展開される。二人の目という限られた視点ではあるが，少しでも多くの読者の皆様に，上記の諸点を理解していただきたいと願う次第である。

geography（ジオグラフィー）はジオ（土地）をグラフィック（記述する）ことから始まった。地理学というこの学問分野は，土地を媒介として，そこに生活する人とその環境，人そのもの，さらには人の育む文化などに焦点をあてて，研究が進められてきた。このシリーズでは，ジオとグラフィーの世界をいっしょに旅していただき，その思い出を読者の皆様の心に描いていただけたらと思う。

このシリーズでは，高校生以上の方を対象に，なるべくわかりやすい内容にして，理解を深めていただくことをめざしている。そのためには，従来のような章立てだけではなく，◆で示したようにサブテーマを設けて，読者の皆様が興味を持っていただくように工夫した。

本書の「東アジアとヨーロッパの旅」では，第Ⅰ部の東アジアと第Ⅱ部のヨーロッパの二つの内容を設定した。本シリーズのテーマは「自然環境と人間とのかかわり」であるが，ここでは，「自分の住んでいる地域を知って，他の地域を知り，その違いの因果関係を明らかにする」をテーマに，各地域の状況と人びとの生活との違い，そしてその背景について考えてみたい。

目　　次

はじめに　　i

第Ⅰ部　東アジア

---

1. 日本の文化と環境……………………………1

   a. 位置　　1

   b. 文化の東西性　　3
      雑煮の餅は○？それとも□？

   c. 文化の周圏論　　23
      言葉は中心から周辺に

   d. 文化の地域差　　29

   e. 東西文化の起源とその背景　　32
      自然環境の違いが文化を変える

2. 朝鮮半島の南と北……………………………46

   a. 自然　　46
      朝鮮半島の夜の姿
      渤海王国滅亡の原因

   b. 歴史と社会，文化　　51

   c. 産業　　54

   d. 生活　　55
      オンドルとマツタケ
      同本同姓と結婚

3. 中華の大国……………………………………61

   a. 国土　　61
      文化の華の咲くところ

   b. 経済改革と政治改革　　62

   c. 農業と開発　　67
      三峡ダムと沈む遺跡

   d. 人口増加と人口抑制策　　73
      日本人と同じ数の李さん

   e. 香港の返還とその後　　77

4. 成長する台湾………………………………78

   a. 国土と自然　　78
      隆起する島

   b. 歴史　　79

   c. 産業　　80
      AI の拠点

   d. 住民と社会　　81

   e. 交通　　81

5. 内陸の遊牧国………………………………83

   a. 国土と自然　　83
      人よりも多い家畜

   b. 歴史と社会　　84

   c. 産業　　84
      定住化する遊牧民

   d. 人口　　86
      産めよ増やせよの国家政策

第Ⅱ部　ヨーロッパ

1. アニメからみるヨーロッパ……………87
　　キキとジジが向かったのはどこ？

2. 位置……………………………………94

3. 自然……………………………………96

　　a. 地形　96
　　b. 気候　99
　　　　風車をみれば方角がわかる

4. 政治と経済……………………………104

　　a. 政治　104
　　　　塗り替わるヨーロッパの地図
　　b. 経済　107

5. 文化……………………………………110

6. 産業……………………………………112

　　a. 農業　112
　　　　ハイジが住んでいたのはどこ？
　　b. 鉱工業　119
　　　　工業のトライアングル

7. 開発……………………………………125
　　長靴の国の格差

8. 交通……………………………………129
　　海を渡る列車

9. 環境……………………………………132

10. 大学と教育……………………………133
　　大理石の教室

11. 都市と人びとの生活…………………136

　　a. 都市の形成　136
　　b. 都市計画　139
　　　　「ハリーポッター」の舞台
　　c. 街の景観　141
　　　　カンバンのない美しい街

おわりに　143
文献・資料　144

第Ⅰ部　東アジア

1. 日本の文化と環境

a. 位置

グラ：東アジアをまず日本の位置からみていくね（図Ⅰ-1）。北端は北方四島を入れると，択捉島のカモイワッカ岬（北緯45°33’，東経148°45’）で，入れないと宗谷岬の沖にある弁天島（北緯45°31’）。東端は南鳥島（北緯24°16’，東経153°59’）ね。

ジオ：北回帰線の近くなんだ……。

グラ：小笠原で誕生した西之島新島は父島・母島の西にあたるの。また南端の沖ノ鳥島（北緯20°25’，東経136°04’）は台湾よりも南で東にはマリアナ諸島，さらにはグアム・サイパンなの。

ジオ：アメリカは意外に近いんだね。

グラ：西端は与那国島（北緯24°26’，東経122°56’）で，台湾のすぐそばね。
日本の国土面積は約38万km^{2}で世界61位と狭いけど，排他的経済水域を入れると約447万km^{2}で世界6位となってこれほど広いの（図Ⅰ-2）。領海は国の主権が及ぶ水域で最大12海里（約22km），排他的経済水域は領海から200海里（約370km）外側までの海域のことなの。

グラ：日本の状況を北からみていくと，まず北緯45°25’に位置する稚内（写真Ⅰ-1）は，ヨーロッパではフランス南部やイタリア北部にあたるわね。港町は細長い海岸の低地にあって，背後は地震の度に隆起した海岸段丘になっているの。段丘上はチシマザサと低木林で冬には強い西風のため枝は東の方を向いているのよ。

ジオ：……。

グラ：東経135°の子午線を基準として日本標準時とされているけど，日本のほぼ中央にあたる兵庫県の明石が基準となっているよね（写真Ⅰ-2）。標準子午線の通過標識は市内の柿本神社と日照時の境内にあるの。
沖ノ鳥島は日本最南端の無人島で，日本の北と南とでは緯度にして25°の差があって，台湾よりも南にあたるのよ（写真Ⅰ-3）。

ジオ：島は環礁という珊瑚礁の地形からなっているけど，地球温暖化で近い将来海面下に没して日本の排他的経済水域が縮小するかも知れないね。

グラ：日本の東西の状況を比較すると（写真Ⅰ-4），上は釧路の塘路湖でタンチョウヅルの飛来地になっているわね。下は沖縄の与那国島の風景なの。どちらも11月下旬の午後4時半頃の状況だけど，経度差が21.5°で約1時間半の時間差があるのよ。

図 I-1　日本の位置（二宮書店編集部 1995）

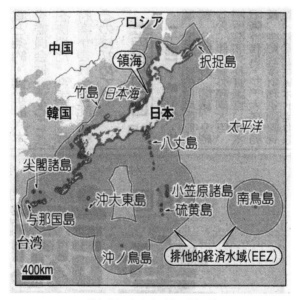

図 I-2　排他的経済水域（中日新聞社 2010）

写真 I-1　日本の北・稚内（市川ほか監 1991）

写真 I-2　標準子午線・明石（市川ほか監 1991）

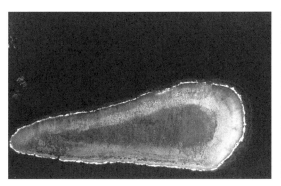
写真 I-3　日本の最南端・沖ノ鳥島（市川ほか監 1991）

写真 I-4　同時刻の日本の東と西（市川ほか監 1991）

b. 文化の東西性

グラ：日本では人生 100 年時代といわれるようになったけど，私たちが生まれてこれまで人生の 5 分の 1 を生きてきたよね。この 20 年の間に育まれた日本観をここで確認したいの。
　　　その結果を踏まえて，日本文化の地域性と多様性というものを理解しようと思うの。

グラ：ここでは，日本の東西文化の違い，それから言葉に代表されるように，日本の文化が中心から周辺に波及しているという文化の周圏論についてみてみたいの。そして，この日本文化の地域性や多様性が，情報化社会のなかで徐々に失われつつあるという現状についても考えてみるね。
　　　ジオ，このアンケートに答えてみて（表 I-1）。

ジオ：A も B も該当する場合は？

グラ：両方に○して。各地域や家庭での食生活や文化というのは個々人で違っているよね。ジオの結果はどうだった？

ジオ：8 対 7 で半々だね。

グラ：三重県の K 大学では，日本文化の東西性や言葉の周圏論について，これまでに 2,000

4　第Ⅰ部　東アジア

表I-1　アンケート調査表

	A	項　　目	B	
食べ物	丸餅	1．餅	角餅（切り餅）	
	白味噌	2．雑煮	すまし	
	材料	材料		
	そのまま入れる	3．雑煮の餅	焼いて入れる	
	牛肉	4．肉（肉じゃがの肉）	豚肉	
	サツマイモ	5．イモ（イメージ）	ジャガイモ	
	サトイモ	6．イモ（儀礼食）	ヤマイモ	
	薄口	7．調味料－醤油	濃口	
地名・言語・方言・その他	谷	8．小川・渓谷（地名）	沢	
	オル・アル	9．居る	イル・イテル	
	シロ（ウ）ナル	10．白なる	シロクナル	
	セン・シン・セエヘン	11．しない	シナイ・シネー・セナイ	
	コウ（オ）タ	12．買う	カッタ	
	ミヨ・ミイ	13．見なさい	ミロ・ミレ	
	カライ・クドイ	14．塩辛い	ショッパイ	
	しない	15．三十三回忌	する	
計				
血液型		明明後日（3日後）		
相手をののしる言葉				

　人を超えるアンケートをとっているの。その結果を，まず総計でみてみると，Ａは主に西日本に，Ｂは東日本にみられる文化の特徴を示しているの。愛知・岐阜・三重出身者の場合はAB半々の結果になってるわね（図I-3）。
　東海地方の愛知・岐阜・三重の各県は，日本の中央に位置しているし，西日本と東日本の境界部にあたるよね（写真I-5）。つまり，東西文化の接点に位置していて，これは東海地域の文化の特徴を示しているのよ。

◆雑煮の餅は○？それとも□？

グラ：ジオ，毎年正月に食べている餅は地域によって違って，日本のほぼ真ん中で東西に分かれるのよ（図I-4）。つまり，丸餅は石川，福井，滋賀，京都，奈良，和歌山の6府県よりも西の地域で，角餅は富山，岐阜，愛知，三重の各県よりも東の地域で，また三重県の伊賀・名張地方では丸餅を食べるところもあるのよ。

ジオ：アンケート結果でも，同様の傾向が出てるね（図I-5）。

グラ：その餅をつかった雑煮だけど，多くはすましで味噌は西日本ね。しかも近畿圏（京

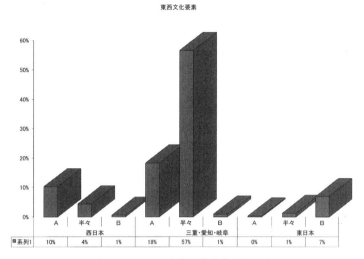

図I-3 アンケート結果①文化の東西性

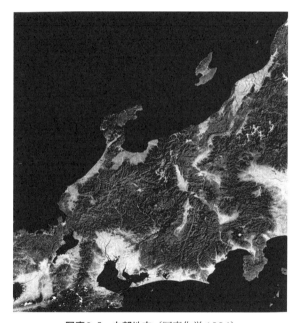

写真I-5 中部地方（写真化学 1994）

都・大阪・奈良・兵庫・滋賀・和歌山）と福井，香川，徳島，三重の各県の一部なのよ。さらに，島根県東部から鳥取県，兵庫県の北部にかけての一部の地域では正月に雑煮は食べずに，小豆汁つまりぜんざいなの（図I-6）。香川県の高松では白みそ雑煮のなかにアン入りの丸餅が入っているのよ。

ジオ：いちご大福と同じように意外性がありそうだね。

グラ：雑煮の味は，関西圏では白味噌が多くて，その他の地域はすましが多いし（図I-7），

図 I-4　日本列島雑煮文化圏（konishi HP 2017）

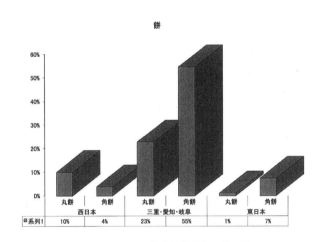

図 I-5　アンケート結果②雑煮の餅の形

　　東海地方ではすましが多いけど，味噌味の雑煮も食べられているわね。
　　また，雑煮に入れる材料は，各地や家庭でも多種多様ね（図 I-8・9）。なお，青物の葉っぱは，個人や家庭によってもよび名が違うので，ここではアオナとしてまとめられたり，1％未満の食材はその他としてまとめられているわね。
ジオ：最近では正月に雑煮を食べない家庭も増えているようだね。

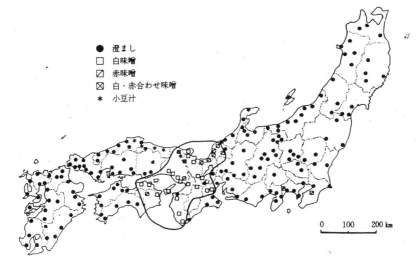

図I-6 雑煮の味付け全国分布（野間 1991）

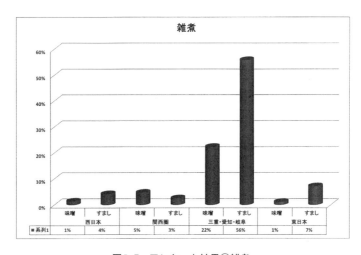

図I-7 アンケート結果③雑煮

グラ：雑煮が出ても何が入っているか理解していない人もいるわね。
　　　各地の代表的な雑煮をみてみると，すましは全国的で，アオナやほうれん草，ブリ，かまぼこ，鶏肉，ユリネなどが利用されているの（写真I-6）。京風の白味噌雑煮は近畿地方で食されていて，ダイコンやサトイモ（写真I-7），仙台ではイクラやカジカの入った豪華な雑煮のところもあるの（写真I-8）。
　　　このように，雑煮一つをとっても地域差がみられるのよ。

グラ：雑煮を元日に食べる風習が始まったのは，室町時代初期の永享 8 年（1436 年）で，後醍醐天皇のひ孫にあたる皇子が尾張に難を逃れた時に，元日にはまぐりの吸い物，

8　第Ⅰ部　東アジア

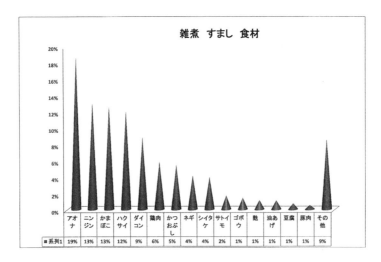

図Ⅰ-8　アンケート結果④雑煮 すまし 食材

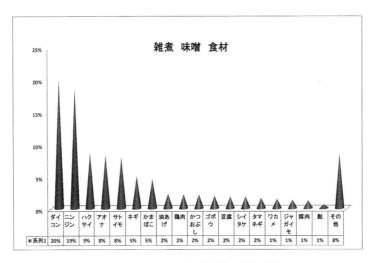

図Ⅰ-9　アンケート結果⑤雑煮 味噌 食材

　　　　大根の輪切り，ごまめのなますの入ったものを食べたのが最初といわれているの。
ジオ：ごまめというのは？
グラ：かたくちいわしを干したもので，地域によっては「たづくり」や「ことのばら」という
　　し，スペイン語ではアンチョビーというよね。
　　　この雑煮をイギリスの言語学者のチェンバレンが『日本事物誌』で紹介しているの
　　よ。それによると，「正月に人びとは雑煮とよばれるシチューを食べる」と記載し
　　ているの。
ジオ：白味噌の雑煮が彼にはシチューにみえたんだ。
グラ：その雑煮の餅だけど，西日本ではこげ臭いといって生の餅を入れるの。九州では丸
　　餅を焼いて入れるところもあるし，東日本では生臭いといって焼いて入れたり，東

1. 日本の文化と環境　9

写真 I-6　雑煮①（浮田編 1984）

写真 I-7　雑煮②（浮田編 1984）

写真 I-8　雑煮③（浮田編 1984）

海地方では角餅を生で入れて煮るのよ（図I-4）。

また，おせち料理のなかにある魚は，西日本ではブリやタイ，東日本ではサケやマスなどの寒海魚がつかわれるわね。

グラ：次に，肉の消費量をみてみるね。豚肉と牛肉の1世帯あたりの年間購入額を比較すると，ブタは東日本，ウシは西日本での消費量が多いの（図I-10・11）。だから，肉じゃがに入っている肉は東西で違うの（図I-12）。

ジオ：東海地方では牛肉の肉じゃがが多いけど，豚肉もつかっているね。

グラ：ジオの家のカレーの肉は？

ジオ：ビーフだね。

グラ：本来は西のビーフ，東のポークに分かれていたけど，今はカレーの専門店ができてビーフ・ポーク・チキンなどの肉の他に，魚介類や野菜など多種多様な食材が入っていて，カレーの東西文化はなくなりつつあるわね。

グラ：話を戻して，ブタの飼育頭数の多いのは，鹿児島，宮崎，千葉，北海道，群馬の順なの（2014年）。牛肉というと神戸，近江，松阪などが有名だけど，厳密には生産地ではなく屠殺された所ね。

ジオ：つまり，肉になった所の名称なんだ。

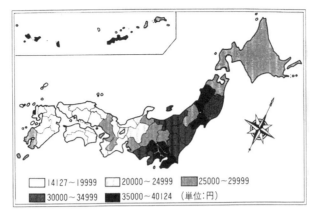

図 I-10　豚肉の1世帯当たり年間購入額（荒牧・鈴木監 1986）

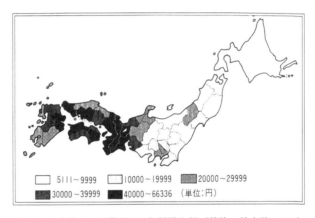

図 I-11　牛肉の1世帯当たり年間購入額（荒牧・鈴木監 1986）

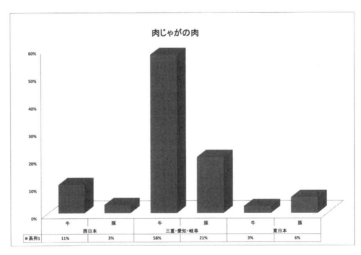

図 I-12　アンケート結果⑥肉じゃがの肉

グラ：ジオ，イモというとどんなイモをイメージする？

ジオ：東日本ではバレイショ（ジャガイモ），サッポロポテトというぐらいだし。西日本ではカンショ，サツマイモというぐらいだから。

グラ：でも，『衣食住の旅』でみたように，消費量は逆でジャガイモは西日本，サツマイモは東日本なのね（図I-13）。九州でイモというと，サトイモをイメージするのよ（図I-14）。

グラ：では，儀礼食としてのイモ，つまり正月や端午の節句，盆，中秋（十五夜）などの時の儀礼食としてのイモは？

ジオ：……。

グラ：正月の予祝といって，小正月これは旧暦の1月15日におこなう前祝いや五月の節句，お月見の時に東日本ではヤマイモが，西日本ではサトイモが儀礼食としてつかわれるの（図I-15）。また，旧暦の8月15日にあたる「中秋の名月・十五夜」のことを芋名月といって，ヤマイモやサトイモをお供えするのよ。

ジオ：中国では月餅を食べるよね。

グラ：旧暦の9月13日の十三夜は栗名月や豆名月というのよ。

グラ：次に麺だけど，従来は東日本のソバ文化圏と西日本のウドン文化圏に分かれていたけど，今は麺の嗜好が多様化して，こうした傾向はなくなっているわね。
味覚の差や嗜好の違いが東西ではっきりしているのが醤油ね。

ジオ：東の濃口，西の薄口とされているよね。

グラ：ただこれはあくまでも醤油の色で，実際は西日本の薄口の方が塩分は高いの。この東西の醤油の違いが，様々な食べ物にもみられるね。たとえばいなり寿司で，東のシノダに対して西のイナリといわれるよね（写真I-9）。東日本のシノダは色が濃くて，油あげの味が濃厚で，甘味も塩味も強い。

ジオ：味よりも色の方が大事なんだ。

グラ：だから東日本では醤油の色に神経をつかうの。関東では油あげの色が薄いと売れないのよ。これに対して，西日本ではイナリといって，薄い色をしているの。薄口醤油でダシはたっぷり使われるの。

ジオ：西日本では色の違いよりも味の方が食べる人にとっては大事なんだ。

グラ：また，東京では俵の形をしていてかんぴょうでくくるけど，大阪ではキツネの耳に似た三角形になっていてかんぴょうではくくらない。

ジオ：油あげ一つで東西でこんなに違うんだね。

グラ：次に，地名や言葉の東西性についてみると，小川や渓谷のよび方が東西で違うの。新潟の糸魚川と静岡の浜名湖を結ぶ線を境に，西日本では谷（図I-16），東日本では沢（図I-17）とよぶのよ。ただし金沢は例外ね。
イル・イテルというのは，東日本と大阪府と岐阜，滋賀，福井，愛知の各県で，西

12　第Ⅰ部　東アジア

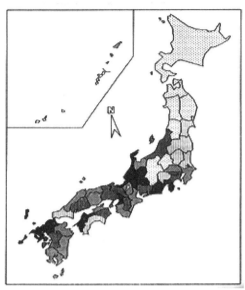
ジャガイモ

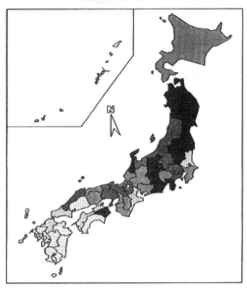
サツマイモ

図Ⅰ-13　ジャガイモとサツマイモの消費量（鈴木・久保 1980）

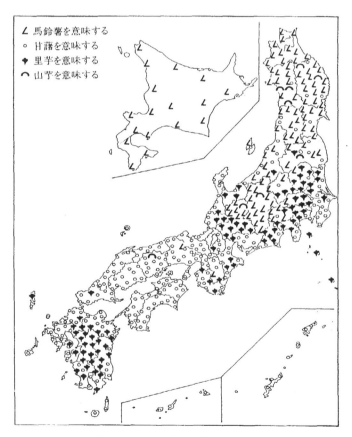

図Ⅰ-14　イモの意味（徳川 1986）

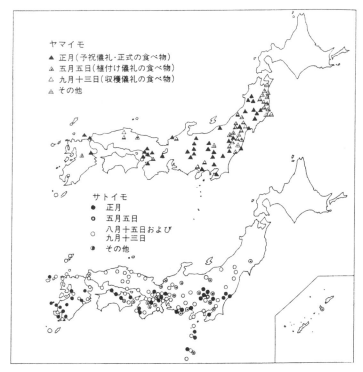

図I-15　イモを儀礼食とする地域の分布（網野 1982）

写真I-9　いなりずし（Wikipedia 2018）

　　　　日本ではオル（図I-18）。アルというのは，和歌山と三重・島根・福岡の各県の一
　　　　部でつかわれているの。

グラ：中部地方は言語境界にあたっていて，白なるという表現を西のシロ（ウ）ナルに対
　　　して東のシロクナル，しないを西のセン・シン・セエヘンに対して東のシナイ・シ
　　　ネー・セナイ，買うを西のコウ（オ）タに対して東のカッタといういい方をするよ
　　　ね（図I-19）。

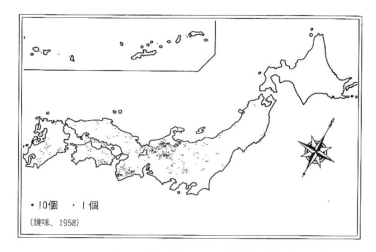

図 I-16　河川名の語尾「〜谷」の分布（荒巻・鈴木監 1986）

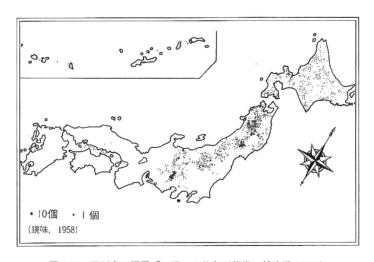

図 I-17　河川名の語尾「〜沢」の分布（荒巻・鈴木監 1986）

　　　　また，見なさいを西ではミテミイ，また三重県ではミイサ，愛知県ではミリ（ン）
　　　　といういい方をしていたところもあったの。これらは，北アルプスの飛騨山脈と中
　　　　央アルプス，南アルプスを境に東西に分かれるのよ。

グラ：次に，カライ・シオカライというのは西日本，ショッパイは東日本，北陸ではクド
　　　　イ・シワイというし，伊豆地方では，東のショッパイと西のカライが合わさって
　　　　ショッパライというの（図 I-20）。
　　　　これは方言の東西差といって，東の東京式アクセントと西の京都式アクセントの違
　　　　いで，北は新潟の親不知で分かれて，南は分散しているわね（図 I-19）。
　　　　東日本では,母音が弱くて短く,子音が強くて長いの。また,「〜しちゃって」といっ

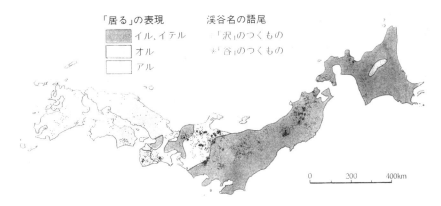

図 I-18 「居る」の表現（佐々木 1991）

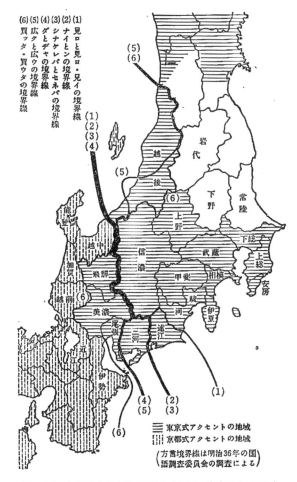

図 I-19 中部地方の言語境界図（大野・宮本ほか 1981）

た促音（つまる音）をよくつかうため，東日本は子音的言語区域とよばれるの。うそばかりをウソッパチ，やせほうしをヤセッポチ，おいかけるをオッカケルといっ

図I-20　しおからいの分布（鈴木 1978）

た表現ね。

これに対して，西日本では子音が短くて弱く，母音が強くて長いために，西日本は母音的言語区域とよばれて，アー，イー，ウー，エー，オーと母音をのばすの。

ジオ：三重県では，〜したんさ，ほんでさ，ほんやでさというような表現をするよね。

グラ：これは東西の言語がミックスされた形になっていて，岐阜県西部・愛知県西部・三重県は移行方言圏の地域といわれるの（図I-21）。

また三十三回忌は，以前は日本列島のほぼ真ん中でする地域としない地域に分かれていたけど（図I-22），最近では三十三回忌があることを知らない人も増えているわね。

グラ：日本人の血液型の割合だけど，おおよそ，A型が4割，O型が3割，B型が2割，AB型が1割だよね。

ジオ：K大学のアンケート結果もほぼ同じものになっているね（図I-23）。

グラ：血液型は1900年にオーストリアの医師のラントシュタイナーによって発見されて，糖タンパク質をもっているかいないかで決まるの。Aの糖タンパク質はA型，BはB型，どちらももっている場合はAB型，もっていない場合はO型。Oはドイツ語

図 I-21　移行方言圏（五条 1985）

　　の Ohne（何もない）からきているのね。だから輸血の時に気をつけないといけないのは，A 型は A と O から，B 型は B と O から，AB 型は全てから，O 型は O 型だけからしか輸血できないね。

グラ：次にあさっての翌日，つまり 3 日後のことだけど，全国的には「しあさって」というけど，「ささって」あるいは「さあさって」という地域があるの（図 I-24）。鹿児島県の奄美諸島と沖縄県の先島諸島では，3 日後のことをユーカやユファーというし，その間の沖縄県の沖縄諸島ではアサティヌナーチャ。

ジオ：……。

グラ：鵜沼町は岐阜県稲葉郡で現在は各務原市，奥明方村は岐阜県郡上郡で現在は郡上市だけど，これらの地域では「あさって」までは共通しているけど，3 日後と 4 日後はこれまではバラバラだったのよ（表 I-2）。

ジオ：三重県では，「あした，あさって，ささって，しあさって」といってきたし，今でもいっている所や人がいるよね（図 I-25）。つまり，三重県では「しあさって」は 4 日後になって，1 日ずれることになる。だから，「ささって」といっている人と 3 日後の約束をしたらダメダメ。

18　第Ⅰ部　東アジア

図Ⅰ-22　最後の年忌（大林 1990）

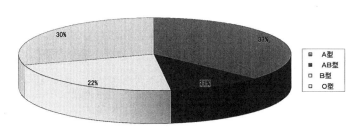

図Ⅰ-23　アンケート結果⑦血液型

グラ：……。

グラ：東北地方では，以前は「あした，あさって，やのあさって」4日後は「やのやのあさって」といっていたの。「やの」というのは，「重なる」とか「数が多い」という意味なの。ところが，この地域でも「あした，あさって，しあさって」に変わり，言葉が共通化してきて，次第に地域性が失われてきているわね。

ジオ：その他に東西の文化を特徴づけるものはあるの？

グラ：煮炊きをすることを東日本では煮る，西日本では炊くといったりするの。
　　　また，こうした東西差は人間に限ったことではなくて，他の動物にも東西で棲み分けがあるのよ。たとえばモグラは，静岡県の富士川を境として西にはコウベモグラ・

1. 日本の文化と環境　19

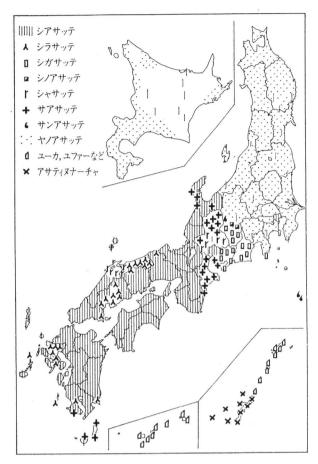

図 I-24　あさっての翌日（徳川編 1979）

表 I-2　方言とは（柴田 1958 に加筆）

	明後日	明々後日	明々後日の翌日
鵜沼町 （各務原市）	アサッテ	シアサッテ	ゴヤサッテ
奥明方村 （郡上市）	アサッテ	サアサッテ	シアサッテ
関東甲信越	アサッテ	ヤノアサッテ	シアサッテ
東京共通語	アサッテ	シアサッテ	ヤノアサッテ
東京方言	アサッテ	ヤノアサッテ シアサッテ	—

　　　ヒミズ（日不見）モグラ，東にはアズマモグラがいるの。
ジオ：モグラ君たちは富士川を泳げなかったのかもしれないね。
グラ：……。
　　　また，アクセントの東西差とその意味を較べると，シーの「海」のウを強く発音するのは関東地方で，ミを強く発音するのは近畿地方ね。さらに，ブリッジの「橋」

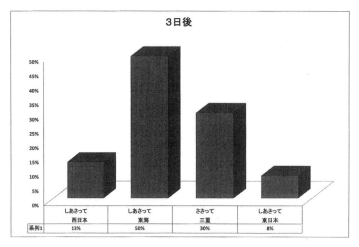

図Ⅰ-25　アンケート結果⑧3日後

とウインドの「風」で，橋のシや風のゼ，つまり後の方を強く発音するのは関東地方で，橋のハや風のカのように前の方を強く発音するのは近畿地方なの。ただ，チョップスティックスの箸は東京ではハを強く発音し，大阪ではシを強く発音するの。

ところが，この「ハシ」も「カゼ」も強く発音しないアクセントのない地域があるのよ。東北南東部から北関東東部の宮城県南部・福島県・栃木県・茨城県，そして九州の佐賀県・福岡県・熊本県の一部と宮崎県は無アクセントの地域で，鹿児島県と沖縄県では島ごとに違うの（図Ⅰ-26）。

ジオ：これらの地域では，ブリッジの橋もチョップスティックスの箸も聞いただけでは区別がつかないんだ。

グラ：こうした地域差もあるけど，日本の文化はほぼ東西に分かれるのよ。

ジオ：じゃ，この東西文化を分けている要因はなに？

グラ：それは自然的障害と人為的障害なの。まず，自然的障害では地形があるの。日本列島の中央部には，北アルプスの飛騨山脈と中央アルプスの木曽山脈，南アルプスの赤石山脈など3000m級の山脈があって，ここで東西に分かれるの（写真Ⅰ-5）。

また，人為的障害では古い時代の関所などがあげられるのよ。人の行動を規定したものとして，以前はこの関所という障害があったよね。近世には，静岡県の浜名湖の南西に新居，北東に気賀と金指（かなさし）の関所があったの。また古代には，福井県の敦賀に愛発関（あらちのせき），岐阜県の関ヶ原に不破関（ふわのせき），そして三重県の関に鈴鹿関があって，昔はこの三つの関よりも東の地域を関東としていたの。

グラ：近世以降になると，静岡と神奈川の県境に箱根峠と足柄峠，そして長野と群馬の県境に碓氷峠（うすい），ここに三つの峠（坂）があってそこに関所があったの。この三つの関所よりも東の地域，つまり「三関以東の地」が関東であり坂東だったの。こうした

図I-26　方言とアクセント（山口 1991）

　　　関所が，東西の文化の流れを一部規制していた時代があったのね。
　　　そして，もう一つの人為的障害として通婚圏があるのよ。
ジオ：通婚圏？
グラ：1967年の統計データ（表I-3）によると，上が妻の本籍で左が夫の本籍だけど，東日本出身同志の婚姻率が約46％，西日本出身同志の婚姻率も約46％，あわせて92％。
ジオ：以前は同じ地域同志での結婚が9割をしめていたんだ……。
グラ：私たちの両親の世代も同じ出身地同志で結婚している人は多くて平均6割なの。K大学のデータでも，学生と父母の出身地とを比較すると，両親の出身地は各地に分散しているけど，三重県同士で結婚している人も6割近くになるのよ（図I-27）。
　　　こうした高い婚姻率や永住率を維持している重要なメカニズムの一つが，この通婚圏なのよ。そして，この人の動きを規定しているものの一つが，地形的な障害なの。
ジオ：地形，なるほど。
グラ：以前は，こうした障害のために人の流れが規制されていたの。いい換えれば，文化として固定されるということがあったのね。
　　　ところが，今は交通網や通信網の発達でこうした障害は少なくなったので，この婚姻率や永住率は低くなっているの。今は他県同志，たとえば北海道出身と沖縄出身

表I-3 東西日本夫妻の組み合わせ（大林 1990）

夫の本籍＼妻の本籍	東日本（関東圏）	西日本（中京・関西圏）	計
東日本	140,358 92.09 90.43 45.50	12,053 7.91 7.86 3.91	152,411 100% — 49.41
西日本	14,856 9.52 9.57 4.82	141,225 90.48 92.14 45.78	156,081 100% — 50.59
計	155,214 — 100% 50.31	153,278 — 100% 49.69	308,492 — — 100%

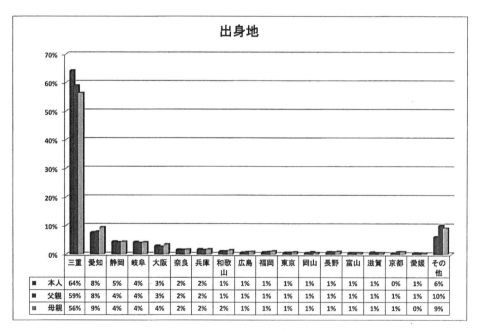

図I-27 アンケート結果⑨出身地

で結婚したりする例は少なくないし，また国際結婚の割合は3％台を推移しているの。

グラ：そして，日本の文化はこうした東西の違いだけでは説明できないことがあるのね。

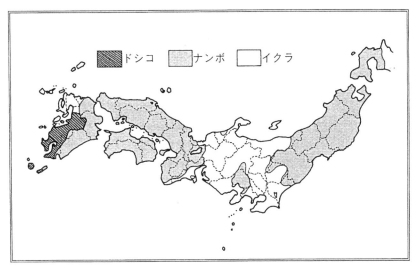

図 I-28　イクラとナンボ（荒巻・鈴木監 1986）

　　特に，発音や方言の地域性は日本では顕著だよね。
　　たとえば，物の値段を聞く時にジオは何という？
ジオ：いくら？かな。
グラ：関東や中部，北陸ではイクラ，その他はナンボ。九州では三つに分かれ，三重県でも東西で違うわね（図 I-28）。
　　そして，地域性のもっとも顕著なものが方言で，同じ言葉でも各地域独特の表現があって，地域性のあることがわかるよね。

c．文化の周圏論

◆言葉は中心から周辺に

グラ：これまで，日本文化の東西差や地域差をみてきたけど，なかでも言語にはもう一つの文化圏があるの。それは，言葉は中心から周囲に同心円状に徐々に波及してゆくという考え方で，これを「方言周圏論」というの。
　　その事例をみてみると，ジオはこの動物を何とよんでいる？（図 I-29）。
ジオ：かたつむりだね。
グラ：このよび方は全国で 1～5 の分布域に分かれていて，同じ記号の分布域が関西から等距離にあって，同じよび方が関西を中心に同心円状に広がっているの。

グラ：「みにくい」という表現をみると，凡例は 20 弱あるけど（図 I-30），分布をみると 6 重の同心円にまとめられるでしょ。

24　第 I 部　東アジア

図 I-29　「かたつむり」の表現分布（山口 1991）

ジオ：いずれもほめ言葉にはなっていないね。

グラ：……。

　　　「〜だけど」という表現の分布をみると（図 I-31），全国的にはドットの「〜けど」でだけど，じゃけど，やけど。G は「だが，じゃが，やしが」で 3 重の同心円で示されるの。その外に「けんど」，「ども，どん」，「ばて」という地域で，北西九州では「ばってん」，鹿児島では「じゃっどん」というの。

グラ：それでは，相手をののしる時にジオは何という？
　　　アホ？　バカ？　ボケ？　タワケ？　それともトロイ？

ジオ：……。

グラ：どうしたの？

ジオ：いや……。

グラ：K 大学のアンケート調査の結果によると（図 I-32），アホやバカだけでなく，それらに近い表現を G（グループ）としてまとめられて，またその他によくつかわれる表現を中心に集計されているけど，アホ G やバカ G 以外に多いのは，ボケやカス

図 I-30 「みにくい」の表現分布（松本 1993）

　　　　などね。
ジオ：その他が 23% と多いね。
グラ：相手をののしる表現も人それぞれで多種多様ね。なかには，ののしる表現とはいえないものもあるのかも。
　　　「全国アホ・バカ分布図」でみてみると（図 I-33），アホという表現は関西を中心に，バカという表現はその周辺に分布しているわね。
ジオ：アホの周りにバカがいる。
グラ：……。
　　　こうしてみると，アホやバカなどの分布圏が，多重の同心円を形成しているよね。
ジオ：方言周圏論だね。
グラ：こうしたののしる言葉を中部地方でみてみると，滋賀県東部の関ヶ原の西今津（図 I-34）を境に西はアホ，東の岐阜県から愛知県西部にかけてはタワケ，刈谷市を境に東の愛知県東部にかけてはトロイ，静岡県舞阪町を境に以東はバカの分布域に

26　第Ⅰ部　東アジア

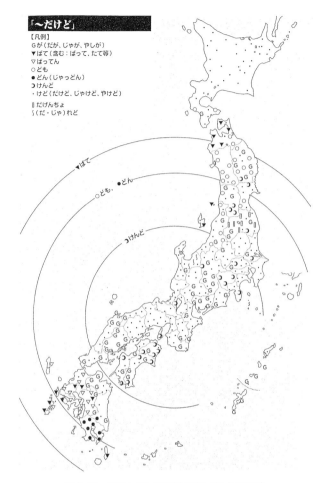

図Ⅰ-31　「だけど」の表現分布（松本 1993）

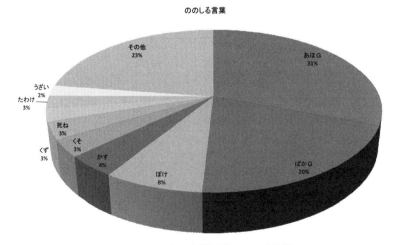

図Ⅰ-32　アンケート結果⑩ののしる言葉

1. 日本の文化と環境　27

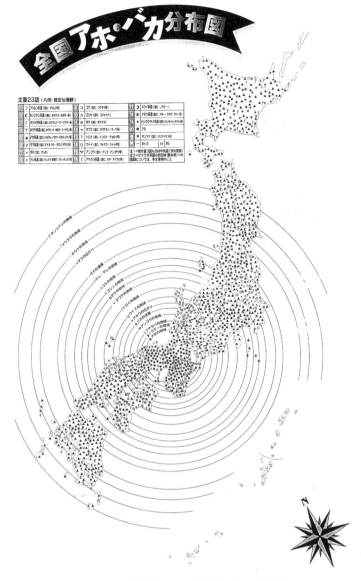

図I-33　全国アホ・バカ分布考（松本 1993）

　　　なるのよ（図I-35）。
ジオ：滋賀と岐阜の県境が必ずしもアホとタワケの境界ではないんだ。
グラ：世界からみるとこんなに小さな国なのに，日本の文化は多様でしかも情報化社会の今でも，文化の東西性や地域性があるよね。これまで，日本の文化の東西性と文化の周圏論という視点を通して，日本文化の波及と分布の二面性の一端をみてきたけど，日本の文化は地域性と多様性をもっていることがわかるわね。
ジオ：僕たちは，こうした日本の文化を「複合発展文化」とよんでいるよね。日本の文化は，諸外国の文化を導入して，古来の文化と複合させ，そしてそれをさらに発展さ

図 I-34　50000 分の 1「長浜」図幅（国土地理院 1975）

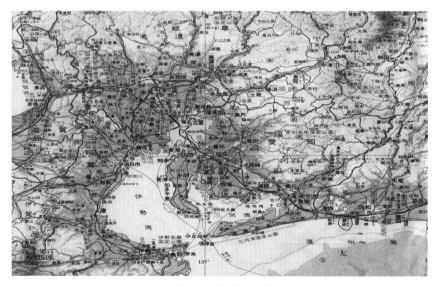

図 I-35　中部地方（帝国書院編集部 1993）

せてきたよね。

グラ：ところが，こうした日本の東西文化，文化の周圏論という独自の文化が，情報の画一化によって地域性が徐々に失われようとしているよね。交通網の発達やメディアによる情報伝達やインターネットの普及によって，日本各地の情報が瞬時に伝わるようになってきて，画一的な文化の共有が進んでいるわね。

ジオ：そうだね。その一方では，人口減少によって，年中行事などの地域独自の文化が継承されなくなったり，なかにはなくなったりしていて，日本文化の地域性と多様性

が情報化社会のなかで徐々に失われている状況にあるよね。

グラ：ここでは，失われつつある日本文化の現状をみたけど，こうした日本独自の文化を後世にいかに残していくかが，私たちに与えられた課題ね。

d. 文化の地域差

グラ：日本文化のなかには，東西で特色の異なる文化要素が多くみられるよね。こうした東西差の原因をさぐってゆくと，それはやがて日本文化の起源をめぐる問題にいきつくの。ここでは，日本文化を構成する各要素の東西の違いをみてゆくね。

まず言葉だけど，中部地方を境に東西に分かれているの（図I-36）。

ジオ：これらは，北アルプスの飛騨山脈，中央アルプスの木曽山脈，南アルプスの赤石山脈で限られているね。

グラ：次に，炊事場の違いをみると，西日本では以前はカマド，東日本ではイロリをつかっていたのね（写真I-10）。東日本では，イロリの自在鉤（かぎ）にかける吊り手のついた鉄瓶（てつびん）や鍋が発達し，西日本ではカマドに置く釜や甑（こしき）が発達していたの。東日本のイロリは，すでに縄文時代や弥生時代の竪穴住居に炉として存在していて，特にこ

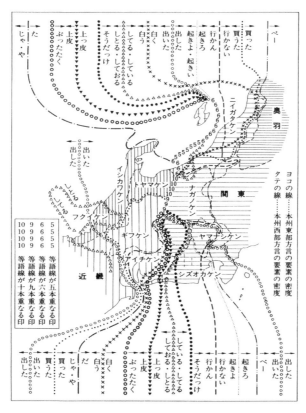

図I-36　中部地方の等語線（尾本 1982）

写真 I-10　囲炉裏（左）と竈（右）（佐々木 1991）

　　　　の炉址は，東日本の縄文遺跡に多いのよ。
ジオ：西日本では，古墳時代の6世紀以降になるとカマドが発達するよね。
グラ：そう。さらに，素焼きの移動式のカマドが中国から伝播して西日本で使用されるようになるけど，東日本へはあまり普及しなかったようで，このことがイロリとカマドの分布の違いになっていると考えられているの。
ジオ：なぜカマドが東日本に普及しなかったの。
グラ：気候的な要因が考えられるの。カマドは炊事場にあって，食事をする場所は別のところね。一方，イロリは料理をつくる場と食事をする場が同じで，しかもイロリは東日本の寒い地域にとっては重要な暖房施設だったの。
ジオ：つまり，生活の場の中心にイロリがあったんだ。
グラ：民俗行事でも東西の違いがみられるわね。西日本では盆の行事の一つとして無縁仏，つまりとむらう親類縁者のいない人を祀る行事があるよね。
ジオ：無縁塚などがそうだね。
グラ：これに対して，東日本では正月の農村行事の一つとして，作物を荒らす鳥を追いはらう鳥追いの行事があるの。小正月といって，1月14日の晩と15日の朝の2回，この鳥追いの行事をおこなうのよ。

グラ：次に，社会組織の東西差をみてみると，まず本家と分家のよび方だけど，東北日本では長子相続制をとっているところが多くて，本家と分家との従属関係が強いの。これは，同族結合型の社会（タテ社会）といわれて，東北日本ではマキとよばれているの（図I-37）。
　　　これに対して，西日本では本家と分家との関係が比較的平等で，儒教の影響からか年寄を重視する傾向があるの。また，たのもし講やむじん講といわれる組結合型の社会，つまりヨコ社会が形成されていて，これをイッケあるいはイットウというの。

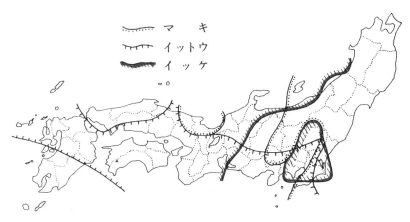

図 I-37　本家・分家集団の呼称（泉ほか 1978）

ジオ：ヨコ社会の組織というのは？
グラ：これによって，村びとの結束が強まって宮座が発達したの。この宮座というのは，中世の畿内で発達した祭祀組織で神社の祭礼をおこなったの。

グラ：さらに，栽培植物の品種でも東西差がみられるの。例えば，ピクルスというカブには洋種系と和種系とがあって，洋種系のカブは東日本から朝鮮半島の北部，中国の東北部，シベリアにかけて分布する北方系なの（図 I-38）。日本ではこれを温海蕪(あつみかぶ)といって，山形県西部の旧西田川郡あつみ町，現在の鶴岡市で生産される酸味のある赤カブね。

これに対して，和種系のカブは主に西日本から中国南部にかけて分布する南方系のカブで，代表的なものとして京都の聖護院蕪があって，これは丹波や滋賀で栽培される白カブね。
ジオ：これが京都の千枚漬けになるんだよね。
グラ：それから大阪の天王寺蕪，このカブの種が長野の気候風土に適合して変異したものが野沢菜なの。
ジオ：広島菜は中国地方では食卓の常識で，油炒めや焼きめしにもあうよね。
グラ：次にオオムギだけど，このオオムギに限らず，栽培種というのは品種改良によって脱粒といって，粒が落ちにくくなっているの。
ジオ：イネも古い時代には，脱粒性が高くて，風が吹けばイネモミが落ちていたんだ。
グラ：この脱粒を阻止する一対の遺伝子の組合せでオオムギのタイプが分けられているの。間違いやすいけど，W型は東日本から中国の東北部，シベリア，ヨーロッパにかけて分布し，一方 E 型は西日本から中国の南部，チベット，インドにかけて分布しているの。
ジオ：この両者の境界が中部地方だね。
　　ところで，こうした文化の地域差が生じる理由は？

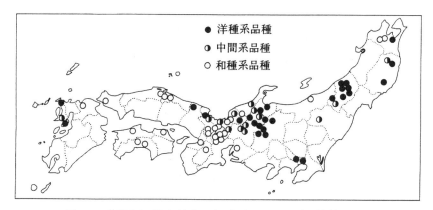

図 I-38　洋種系カブと和種系カブの本州における分布（青葉 1981）

グラ：三つ考えられると思うの。一つ目は風土境の違い，つまり気候や植生，地形といった自然環境が異なるために，それに適応して文化の地域差が生じたというものなの。

二つ目は地域格差ね。つまり，「アホ・バカの分布」でみたように中心と周辺，先進地域と後進地域との格差があって，古代では畿内とその周辺，中・近世では鎌倉・江戸とその周辺というように，地域の格差が文化の地域差を生じさせたというものなの。

三つ目の理由は，系統や系譜の異なった文化が様々なルートで流入して，日本の基層文化の形成に大きな影響を与えたの。つまり，大陸からの多様な文化の流入の影響が後の時代まで残って，日本文化の地域差や東西差を生み出したというの。

e．東西文化の起源とその背景

◆自然環境の違いが文化を変える

ジオ：グラフィー，こうした文化の東西差の背景は何？

グラ：そのルーツを追いかけるとかなり古い時代まで遡ることができるのよ。これを，まず中世の時代からみてみるね。中世には東国の源氏と西国の平氏の抗争が続いたよね。

ジオ：日本列島を二分する戦いだったといわれているよね。

グラ：そして，それを生み出す背景として，古代の地方の反乱があったの。10世紀の前半，この時代は承平・天慶の乱，つまり将門の乱と純友の乱に代表されるように，地方の反乱の時代だったのね。これは，中国の「南船北馬」にちなんで「西船東馬」といわれていて，東西の交通手段の違いを示したものなのよ。

まず，東の平将門，彼は神田明神の祭神でもあるけど，桓武平氏の一族で，千葉県の下総を根拠地としていたの。将門は関東平野の農業生産の拡大とその発展を基

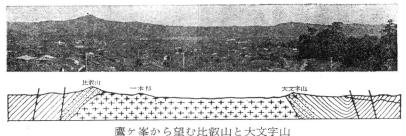

鷹ヶ峯から望む比叡山と大文字山
（＋は花こう岩，他は古生層，打点部はホルンフェルス）

図I-39　比叡山と大文字山（地学団体研究会京都支部編 1976）

　　　礎にして，939 年に国司懲罰のために立ち上がったのよ。そして，新しい国家を宣言して新皇を自称したの。
ジオ：でも，それも僅か 3 か月の寿命だったよね。
グラ：そうね。これに対して，当時西南日本が旱魃にあっていた頃に，伊予（愛媛県）の国司だった藤原純友が，瀬戸内海の海賊を組織して 939 年に瀬戸内海で政府軍と争うのね。『土佐日記』を書いた紀 貫之が，土佐から京に帰任する際に絶えずこの海賊におびえていたといわれるのよ。
　　　ジオ，この将門と純友の二人が京の都で会ったという伝説が比叡山にあるよね。
ジオ：そう。京都市内から東の方向の比叡山と大文字山をみると（図I-39），両者は古生層と花崗岩で形成されているんだ。花崗岩をつくったマグマによって，古生層の砂岩が約 700 度で焼かれてできたのがホルンフェルスとよばれる岩石なんだ。
グラ：摩擦で黒っぽくなっているよね。
ジオ：京都では，盆に大文字山の送り火があるけど，この比叡山から大文字山にかけては花崗岩地帯なんだ。これはマグマが地下でゆっくりと冷えて固まったものが隆起してできたのね。もろいから侵食されて平坦地となり比叡平とよばれているんだ。ここに住宅団地が建設されていて，京都市内と琵琶湖沿岸地域の両方が見渡せて夜景がきれいなんだよ。通勤には近くて便利だけど，土砂災害の危険性が高いんだ。
グラ：この大文字山の麓の地域を北白川というよね。
ジオ：北白川には白川という川が流れているけど，花崗岩の石英や長石は白色や半透明の色をしていて，これらが流れ出て白く濁るところから白川といわれるんだ。
グラ：将門と純友が，将門の岩といわれるこのホルンフェルスの上で御所を眺めながら，天皇家に対してむほんを起こす，その策略をこの岩の上で練ったといい伝えられているけど，二人がここで出会った事実はないの。
ジオ：……。

グラ：さらに遡って，古代になると東には俘馬の党といって馬と弓矢を武器とした騎馬型武士団，つまり陸軍。彼らが 9 世紀末に関東一帯を荒らし回っていたの。そして，

彼らは富豪であったといわれているのよ。

ジオ：何で富を築いたの？

グラ：それは略奪で，彼らは山道を往来する人びとの荷物を盗んでは海道に行き，海道の馬を奪っては山道に行く，これを繰り返して富を蓄えていたの。

そして，先程の東の騎馬型武士団に対して西の海賊，これは海と船を使った水軍型武士団で瀬戸内沿岸から遠くは朝鮮半島沿岸を荒らし回っていたのよ。彼らは「往還の諸人を殺害し，公私の雑物を掠奪する」として，恐れられていたの。そして，この両者が9世紀に日本の東西で暴れ回っていたのね。

グラ：さらに遡って，弥生時代。弥生文化にも東西差がみられるの。

ジオ：この時代になると文書資料は限られるよね。

グラ：あっても『魏志倭人伝』のような間接的なものなの。だから，考古学的な遺物や遺構で弥生文化の東西差を比較することになるのね。それを，土器や住居形態の違いでみてみると，まず西日本の代表的な弥生土器は無文で，東日本では縄目の文様ね。

ジオ：つまり，東日本では弥生時代にも縄目の土器をつかっていたんだ。

グラ：次に住居の違いをみると，佐賀県の吉野ヶ里遺跡には復元された竪穴住居と物見やぐら（写真I-11），そして高床倉庫（写真I-12）があるよね。集落内の住居は円形や方形の竪穴住居と高床倉庫，物見やぐらのセットになっていて，西日本の集落形態として，こうした環濠集落が多いね（写真I-13）。

これに対して，東日本では高床倉庫は少なくて，普通の竪穴住居と大規模住居の組み合わせが多いの。ただし，青森の三内丸山遺跡では縄文時代中期の柱穴群の跡が検出されていて，高床倉庫と考えられるの（写真I-14）。

ジオ：東日本では，弥生時代だけではなくて縄文時代にもこうした組み合わせの建物だったんだ。

グラ：このように，土器や石器，住居形態の東西差をみてみると，稲作農耕文化の影響を受けて西日本が急速に変化したのに対して，東日本では農耕以外の文化の変化の速度は遅いのよ。

ジオ：つまり，弥生の農耕生産の段階に入っても，東日本では狩猟・採集・漁撈という従来の生活様式に大きな変化がなかったんだ。

グラ：また，弥生時代以降の農業形態にも東西差がみられて，西日本では牛を用いた水田の犂耕，つまり鋤で耕すことが発達したの。これに対して，東日本では馬を用いた畑の耕起，つまり土を掘り返したり反転させたりして耕すことが発達したのね。

グラ：次に，縄文時代前期から弥生時代前期にかけての土器様式の地域差をみてみると，西日本では，福岡県の遠賀川式に代表される弥生式の土器に対して，東日本では続縄文とよばれる岩手県の大洞A´式に代表される土器が広く分布していたの（図I

写真 I-11　復元された竪穴住居と物見やぐら
（佐賀県教育委員会編 1990）

写真 I-12　復元された高床倉庫
（佐賀県教育委員会編 1990）

写真 I-13　復元された環濠集落遠景
（佐賀県教育委員会編 1990）

写真 I-14　高床建物群（後方）
（岡田・NHK 青森放送局編 1997）

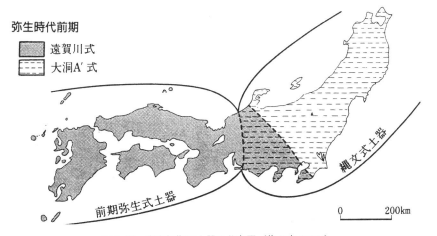

図 I-40　弥生初期の土器の分布図（佐々木 1993）

-40）。

　縄文時代晩期になると，西日本では突帯文土器が広く分布していて，これは口縁部と胴部に二重の突帯がついているだけのシンプルな文様の土器なのね（図 I-41）。

36　第Ⅰ部　東アジア

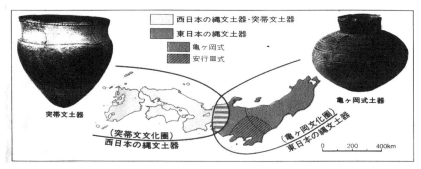

図Ⅰ-41　縄文時代晩期の土器分布圏（佐々木1991）

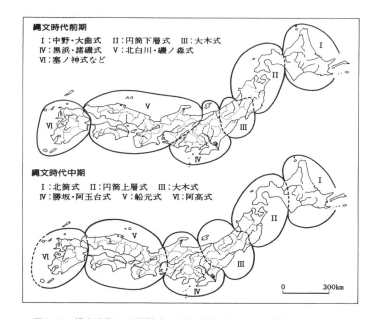

図Ⅰ-42　縄文時代の土器様式の分布（佐々木1993・鎌木1965原図）

　一方，東日本では青森の亀ヶ岡式に代表される土器で，工字文が施されて模様が複雑なのね。また関東地方では，埼玉県の安行Ⅲ式とよばれる型式の土器が分布していたの。縄文時代の土器様式は，中期の場合Ⅰ～Ⅵ地域に細分されるけど，大きくはⅠ～Ⅳの地域とⅤ・Ⅵの地域に二分されるの。また，前期の場合も同じく，Ⅰ～Ⅳの地域とⅤ・Ⅵの地域に分かれるわね（図Ⅰ-42）。

グラ：次に，縄文時代の人口については，住居址の数に平均家族数の4〜5人をかけて縄文時代の人口が推定されているの。その結果，東日本の方が西日本よりもはるかに人口が多かったとみなされているのね（図Ⅰ-43）。

ジオ：縄文時代前期の西日本をみると，100km^{2}あたり10人未満の地域が多いね。近畿地方は僅か5人……。

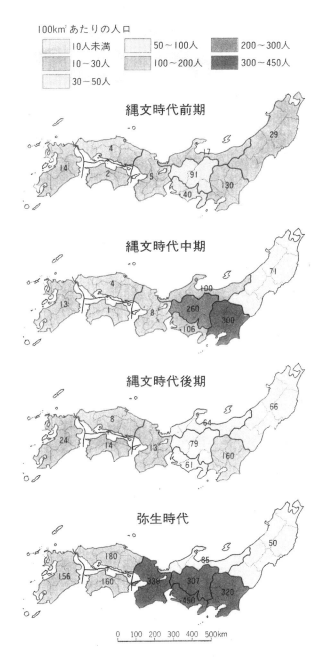

図 I-43　縄文時代・弥生時代の人口分布（佐々木 1991・小山 1984 原図）

グラ：一方，東日本では人口が中期に増加するけど，後期と晩期に減少していて，これは気候の冷涼化が原因とされているの。

ジオ：そうなの？

グラ：いずれにしても，縄文時代を通して東日本の人口の優位性がみられるわね。ところが，

弥生時代になると近畿地方を中心として，西日本の人口増加が顕著になって，東日本でも中部や東海，関東地方を中心に増加すると推定されているのよ。

ジオ：縄文時代の竪穴住居の特徴を考えると，耐用年数とか同じ住居の存続年数といった問題があって，住居址の数で人口を推計するのは難しいね。また，東日本と西日本の平野の形成と集落の立地状況をみてみると，東西で集落の分布の違いがあるんだ。東日本では台地に多く住んでいるのに対して，西日本では低地に住んでいて，これは地形形成の違いに原因があるんだよ。

扇状地性低地と三角州性低地に注目すると（図I-44），東日本の平野は台地や盆地，扇状地性の低地といった標高の高い地域が多くて，集落はやや高い高燥な土地条件のところに立地しているんだ。これに対して，西日本の平野は，今から約6000年前の海面上昇で当時の平野が水没して，その後の海面の低下によってつくられた三角州性の低地や標高の低い地域が多いんだよ。

グラ：つまり，西日本の縄文遺跡の多くは地下に眠っているのね。

ジオ：そう。大阪湾や伊勢湾は，縄文時代の早期以前には陸地だったんだ。つまり，旧石器時代から縄文時代草創期や早期に，そこに人びとが居住していた可能性が高いんだ。確かに，縄文時代の人口の東西の違いはあっただろうけど，極端な違いではなかったと思うよ。

グラ：次に，縄文時代の植生環境の違いから東西差をみてみるね。日本の植生帯は大きく東西に分かれていて，東アジアの植生帯に共通する文化領域を形成しているよね（図I-45）。それは，西日本から中国の華南地域の照葉樹林文化の地域と，東日本から中国の東北地方，朝鮮半島北部，ロシアの日本海沿岸地域のナラ林文化の地域に分かれるのよ。

東日本のナラ林帯と西日本の照葉樹林帯は6500年前〜6000年前以降に形成されたと考えられているの。このうち，ナラ林帯でも特に日本の場合はミズナラ林ね。従来はブナ林といっていたけど，ブナは水をよく好む植物で，日本海側の多雪地帯にブナ林が残っているの。

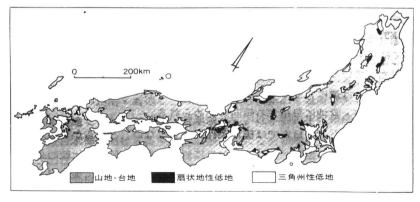

図I-44　沖積低地の分布（高木1985）

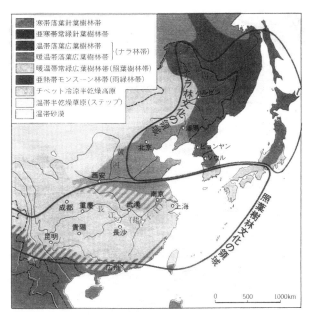

図 I-45 東アジアの植生帯と照葉樹林文化圏とナラ林文化圏（佐々木 1991）

ジオ：世界遺産になった青森と秋田の県境の白神山地のブナ林は有名だね。

グラ：ただ，大陸との比較をする時に，大陸は乾燥しているためブナ林は少なくて，モンゴリナラや遼東半島に代表されるリョウトウナラの分布域になっていることから，東日本はミズナラ林に，西日本は照葉樹林に区分されているの（図 I-46）。
この植生の東西差の原因は緯度や地形，海流などで，そのために東西で気候の違いが生じているの。日本の緯度差は列島だけでみると，北緯約31°の佐多岬から約45°の宗谷岬で，14°の差があって，距離でいうと南北約1600kmね。島を含むと，北緯約20°の沖ノ鳥島から約45°の弁天島まで25°の差，距離で約2600kmの差があるのよ。

グラ：この日本列島の植生帯の変化をみてみると（図 I-47），約9000年前は列島の大部分を冷温帯林や亜寒帯林がしめていて，西日本の海岸線沿いには暖温帯の常緑広葉樹林が分布していたの。約6000年前の温暖期になると暖温帯の常緑広葉樹林が拡大して，屋久島や種子島では亜熱帯林が形成されるの。そして落葉広葉樹林は東日本に広がって，東西に大きく分かれるわね。その後，約3000年前には気温がやや下がり，現在とほぼ同じ植生分布になるの。

グラ：次に，縄文時代の植生帯と先程の土器の編年とを比較すると，6000年前頃に日本の植生帯が東西二つに大きく分かれた頃に，土器の東西の文化圏も成立しているの（図 I-48）。東日本の四つの土器文化圏と西日本の二つの土器文化圏ね。

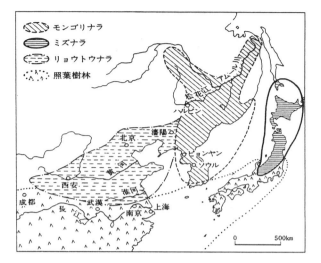

図I-46　東アジアにおけるナラ林の分布（佐々木 1993）

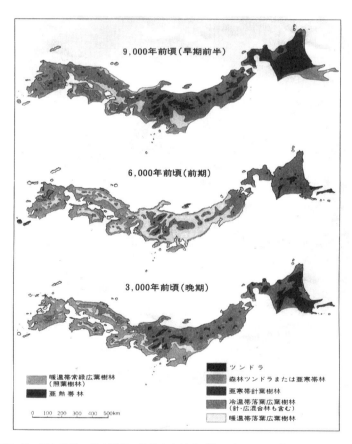

図I-47　縄文時代の日本列島の植生と古地理（佐々木 1991・安田 1980 原図）

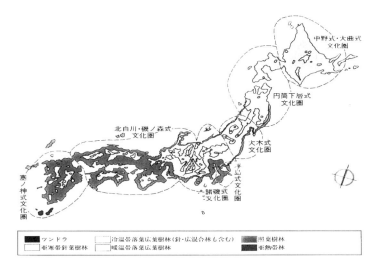

図 I-48　縄文時代前期（6000 年前ごろ）の日本列島の植生図と文化圏（浮田編 1984）

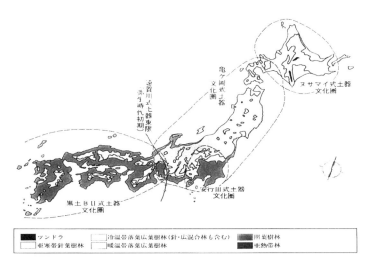

図 I-49　縄文時代晩期（3000 年前ごろ）の日本列島の植生図と文化圏（浮田編 1984）

　　それが，その後の晩期になると，西日本の黒土 B 式の土器文化圏と東日本の亀ヶ岡式と関東一円の安行Ⅲ式土器に代表される文化圏というように，日本を大きく東西に分ける文化領域となってゆくの（図 I-49）。

グラ：次に地形環境の違いだけど，ジオにまかせるね。
ジオ：中部地方の衛星写真（写真 I-5）で何か気づくことない？
グラ：……。
ジオ：石川・岐阜・愛知と福井・滋賀・三重を境として，東西日本の山地の違いに注目してみて。東日本の山の方が険しいよね。各地の最高峰をあげてみると（図 I-50），2000m を境にして東西日本の山地の標高が違うんだ。この緯度と山の標高の違い

が，東西の植生の違いの原因の一つだね。

グラ：次に，旧石器時代に遡ってその末期の細石刃文化についてみてみると，この時期に石器はそれまでの単体使用から複合体使用に大きく変化するの（図Ⅰ-51）。東日本ではクサビ形の細石核といって細石刃のもとになるもので，これとシベリアのバイカル湖付近に起源をもつとされる荒屋型彫器ね。

ジオ：これは毛皮や肉を切り裂く道具だよね。

グラ：東日本ではこれらの細石刃と彫器がセットで出土するの。これに対して，西日本では半円錐形の細石核石器と細石刃に代表されるけど，これは中国の華北や南東部に起源するものなのよ。

縄文文化は，こうした旧石器時代の細石刃文化の地域差を基盤にして成立したの。

ジオ：つまり，細石刃の使用がその後の縄文時代の発展の基盤になったんだ。

グラ：そして，私たち日本人そのものも東西で大きく異なるの。埴原和郎氏は，「日本人

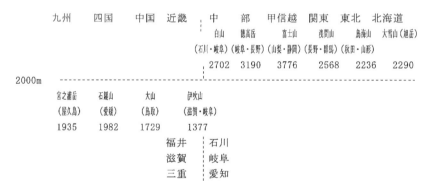

図Ⅰ-50　各地域の最高峰と標高（外山 2006）

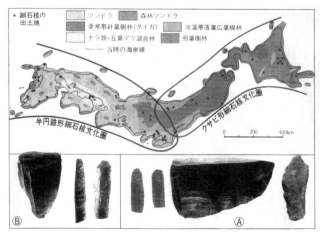

図Ⅰ-51　細石刃文化の東と西（佐々木 1991）

二重構造論」のなかで，日本人の東西差を指摘したのよ（図I-52）。

グラ：つまり，2万年前に南東アジアから古モンゴロイドがやってきて縄文人となる。そして，弥生時代以降，大陸から朝鮮半島を経由して新モンゴロイドが北部九州にやってきて，やがて本州を東に進んでいって，両者の混血が進む。その濃淡の違いが東日本と西日本の人びとの身体的特徴や文化の違いになっているというものなの。縄文時代から現代までの南方系と北方系集団の分布の時代的変化をみると，東日本は南方系と北方系の中間型とこれまではみなされてきたの（図I-53）。

グラ：ところが，旧石器時代にすでに北方のシベリアからの人の移動があって，東日本地域に広がっていたとみられるの。そして，それは血液型 Gm（ガンマグロブリン）

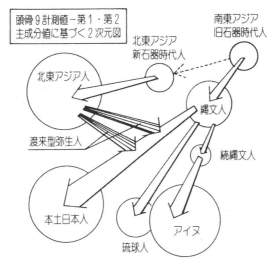

図I-52　東アジア諸集団の小進化（埴原 1993）

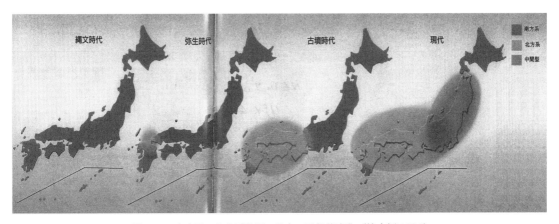

図I-53　南方系・北方系集団の分布の時代的変化（竹内編 1994）

44　第Ⅰ部　東アジア

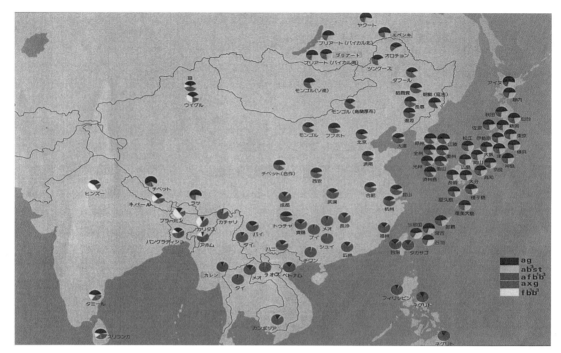

図Ⅰ-54　アジアおよび日本の血液型 Gm 遺伝子の分布（松本 1992）

　　　　という遺伝子の研究から新しい説が発表されたのよ（図Ⅰ-54）。
　　　　その結果，日本人は旧石器時代にバイカル湖付近に居住するブリヤート人の先祖が，シベリアから樺太を渡って南下してきた北方系のモンゴロイドという説なの。
ジオ：つまり，日本列島にはすでに旧石器時代から北方系モンゴロイドと南方系モンゴロイドが居住していたとする考えなんだ。
グラ：こうした背景に基づいて，現代人の形質の特徴をみると，東西の違いや本州と北海道，沖縄の人びととの違いがみられるのよ。
　　　　血液型のA遺伝子の頻度や身長の違い，頭の形，縄文型ヒトウイルスの保有状況など，多面的に日本人の形質が検討されているよね。
ジオ：頭の形で，短頭で中等度の人たちは京都・滋賀・大阪・奈良などの関西に多いけど，この地域は日本海ルートで文化が伝播した地域で，古墳の集中地域でもあって，古墳文化の重要なルートの一つと考えられているよね。
グラ：日本人はこうしたモンゴロイドの壮大な移動とそれらの混血によって形成され，そして今だにこの二重構造性が保たれているというの。

グラ：最後に，日本の東西文化の起源とその背景をまとめると，旧石器時代以来，自然環境の変化があって，その変化の過程で南からと北からの人の移動と文化要素の流入があったの。
　　　　また，東日本の植生環境は東北アジアのナラ林帯に，西日本は東南アジアの照葉樹

林帯にそれぞれ属して，こうした植生環境の違いが縄文文化の地域差を生み出した
の。

そして，その基盤の上に立って，縄文時代晩期後半以降に新モンゴロイドの渡来が
あって，彼らと縄文人の血を引く古モンゴロイドとの混血によって，身体的特徴の
違いや文化の違いが生じたのね。そして，それが現代まで継続して日本文化の東西
性が形成されたというの。つまり，人びとの移動と文化系統の伝播の違いが現在の
日本文化の東西差となって現われているというのよ。

ジオ：壮大なスケールの考え方だね。

2. 朝鮮半島の南と北

a. 自然

◆朝鮮半島の夜の姿

グラ：ここでは，朝鮮半島として，韓国と北朝鮮の地誌を比較していくね。両国の夜の表情を比較すると（写真 I-15），南北の電力事情や経済状況の違いがよく分かるよ。これは，「冬のソナタ」に始まる韓流ブームと「拉致」問題という明と暗を象徴しているかのようね。

ジオ：対日本との国際関係の違いが，夜の明るさの違いになっているね。

グラ：なお，対馬付近の灯りはイカ釣り船のいさり火で，北緯 38 度の国境線沿いにみえる線はサーチライトの明かりなの。点在するのは，ソウル，インチョン（仁川），テジョン（大田），クアンジュ（光州），テグ（大邱），ポハン（浦項），ウルサン（蔚山），プサン（釜山），チャンウォン（昌原），そして冬季オリンピック・パラリンピックの会場となったピョンチャン（平昌）や「冬ソナ」の舞台となったチュンチョン（春川）などの主要都市の明かりね。一方北朝鮮では，首都のピョンヤン（平壌）と中国との国境付近のシニジュ（新義州）のみなの。

写真 I-15　朝鮮半島の夜（中日新聞社 2000）

図Ⅰ-55　朝鮮半島①（二宮書店編集部 2006）

グラ：次に，朝鮮半島の自然を気候からみると（図Ⅰ-55），二つの気候帯からなっていて，北部の冷帯の冬季少雨気候と南部の温暖湿潤気候で，南部の気候は西日本と同じね。チェジュ（済州）島は，長崎県とほぼ同じ緯度の温暖な気候で韓国のリゾート地とよばれているけど，周りが海のために風が強いわね。

ジオ：チェジュ島で強いのは，風と女性というぐらいだからね。

グラ：……。
また，朝鮮半島では冬に「三寒四温現象」といって，シベリア気団の消長によって寒い日と温かい日が3〜4日おきに交替する現象がみられるわね。

グラ：次に，半島の地形の大半は山地と高原からなっていて，平野は盆地や海岸線沿いに小規模に発達するのみで，全般的には東に高く西に低い東高西低の地形ね。また，南海岸から西海岸はリアスとよばれる沈降海岸になっているわね。
山地と高原をみると（写真Ⅰ-16），北朝鮮では，中国との国境付近にチャンベク（長白）山脈が東西に，その南にハムギョン（咸鏡）山脈とランリム（狼林）山脈が南北に走って，これらの山脈に囲まれてケマ（蓋馬）高原があるわね。一方，韓国ではテベク（太白）山脈とソベク（小白）山脈が南北に連なるの。

ジオ：半島全域をみても平野が少ないのが特徴で，中国のリャオ（遼）川流域の平野と比

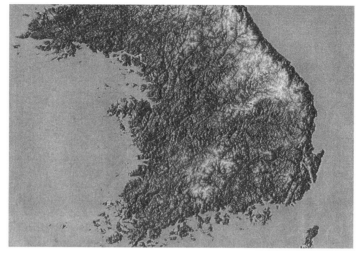

写真 I-16　朝鮮半島②（李・高橋 2008）

写真 I-17　天池（赤木編 1985）

較するとよくわかるね。
グラ：北部の中国のチーリン（吉林）省との国境の山が 2744m のペクト（白頭）山，中国ではチャンパイシャン（長白山）というの。ペクト山の火口には，チョンジ（天池）（写真 I-17）といって，火山の噴火の後にできたカルデラ湖があって，水深は 384m で水温は夏でも 6 度で，魚類はいないの。
ジオ：透明度が高くて鏡のようだね。

◆渤海王国滅亡の原因

グラ：この白頭山の火山活動と謎の王国のポーハイ（渤海）の滅亡とに関係があるのではないかと以前いわれていたのよ（図I-56）。破線の範囲が渤海王国の領域で，黒の四角は渤海王国時代の都城ね。

渤海王国が滅亡したのは926年で，その原因は，従来は他民族の侵入といわれていたの。それがキッタン（契丹）族で，今は遼というモンゴル系のキタイ族ね。

この渤海王国が栄えたのは7世紀末〜10世紀の初め（698〜926年）で，中国では唐の時代にあたるわね。

ジオ：日本では白鳳・天平の文化が栄えた時代だね。

グラ：渤海王国の滅亡の原因の第2の説は，9世紀末の気候の悪化によって，生産基盤が弱くなったというものなの。そして，これに加えて白頭山の火山噴火が原因といわれていたの。三角の印が白頭山で，900〜1334年の間に噴火しているの。

ジオ：都城はこの白頭山を中心に周辺に分布しているね。

グラ：白頭山苫小牧火山灰の分布をみると（図I-57），数字の単位はcmで火山灰の厚さを示しているのよ。

ジオ：日本では北海道の苫小牧で最初に発見されたので，白頭山苫小牧火山灰とよんでいるね。

図I-56　渤海国領域図（中西・安田編 1992）

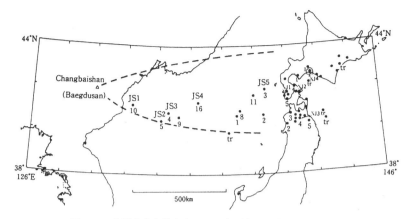

図I-57　白頭山苫小牧火山灰の分布（中西・安田編 1992）

写真I-18　白頭山苫小牧テフラ（町田・新井 1992）

グラ：苫小牧で発見された白頭山苫小牧テフラ（火山灰）をみると（写真I-18），薄い層だけど白頭山周辺では10cm以上降り積もっているの。この白頭山の噴火の際には，火砕流が河川沿いに流れ下っているし，この火砕流と東から南方向への火山灰の影響で，周辺の都城が大打撃を受けたといわれていたの。

ところが，この白頭山が噴火したのは937年ということがわかったの。

ジオ：つまり，噴火は渤海王国の滅亡の原因ではなかったんだ。

グラ：福井県の水月湖で採取された湖の地層で，年縞という湖に堆積した地層の分析の結果から，滅亡の原因はその3年前の923年の寒冷期にともなう冷害であることがわかったのよ。

グラ：そして，その他の山地地形をみると，日本海，両国ではトンヘ（東海）とよんでいるけど，その沿岸にテベク山脈，南にソベク山脈があって，テベク山脈の北朝鮮の

写真 I-19　クムガンサンの万物相（赤木編 1985）

　　　南端にクムガン（金剛）山があるの。
　　　クムガン山は花崗岩の山塊で，板状節理といって岩が板状をなしているのよ（写真 I-19）。これは万物相とよばれていて，岩の形がさまざまな動物や人の様子にたとえられるの。
- **ジオ**：水墨画のようだね。
- **グラ**：このクムガン山は北朝鮮の観光地で標高は 1638m。これまで韓国からの観光客を積極的に受け入れてきたけど，2008 年に観光客の射殺事件があって以来，韓国人のクムガン山観光は延期されているの。
　　　また，半島の内陸部に分布する盆地の形成過程をみると，まず半島の地中でマグマが冷えて固まって深成岩が形成されるのね。これが隆起して東に高く西に低い東高西低の半島の地形が形成されたの（写真 I-16）。
　　　そして，その後河川等の侵食によって花崗岩地帯に盆地が形成されていったのよ（写真 I-20）。ピョンヤンやソウル，テジョン，クアンジュ，テグなどは，こうした盆地に形成された都市なのね。

- **グラ**：次に，平野と海岸をみると，平野は半島の南部から西部の黄海沿岸地域にかけて小規模に発達しているの。そこでは，リアス海岸（写真 I-21）とよばれる沈水海岸地帯を形成していて，平地が少なく入り組んで複雑な海岸線になっているわね。

b. 歴史と社会，文化

- **グラ**：次に，朝鮮半島の歴史と社会をみてみると，第 2 次世界大戦後の 1945 年の 9 月に，ソウルで朝鮮人民共和国の樹立が宣言されたけれど，米軍によってこれが阻止されるの。そして，米ソ両国の取り決めによって，いわゆる北緯 38°の軍事境界線（写真 I-22）で南北に分轄されるのね。

写真Ⅰ-20　侵食によってできた盆地と平野
（澁沢・佐野監 1985）

写真Ⅰ-21　リアス海岸（澁沢・佐野監 1985）

グラ：その後，1948年の5月に南朝鮮だけの総選挙がおこなわれて，李承晩（イ・スンマン）を大統領とする大韓民国（韓国）が発足するの。一方，北では同年9月に金日成（キム・イルソン）のもとで朝鮮民主主義人民共和国（北朝鮮）が成立して，南北の対立が深まるのよ。そうしたなかで，北朝鮮軍が韓国に進攻して，1950～53年にかけて朝鮮戦争となるの。それは，一方では韓国への軍事支援をおこなうアメリカ軍と国連軍，そして北朝鮮をバックアップする旧ソ連軍や中国軍との対立でもあったのね。

ジオ：53年に両国間で休戦協定が結ばれたよね。

グラ：でも，北朝鮮と韓国との対立はその後も続いていて，資本主義社会と経済を推し進める韓国に対して，朝鮮労働党による一党独裁を維持する北朝鮮という対立構造になっているのね。

　　　その後，北朝鮮によるミサイルの発射実験や核実験が強行されて，これが南北問題だけではなくて周辺諸国への脅威となっているため，経済制裁を加えてきたの。そうしたなかで，2018年に南北首脳会議と米朝首脳会議が相次いで，挑発から対話へと新たな外交の動きをみせているわね。

ジオ：北朝鮮を取り巻く政治情勢の今後が注目されるね。

グラ：次に宗教をみると，韓国では主にキリスト教と仏教が信仰されているけど，無宗教の人たちも半分弱いるのよ。

　　　ジオ，十字架に注目してみて（写真Ⅰ-23）。これはローマ法王の歓迎ミサに約100万人のカトリック教徒が集まっている様子なの。韓国の人口は約5050万人（2016年）で，このうちプロテスタントが約900万人，カトリックが約550万人なの。

ジオ：両者をあわせると，全人口の約3割がキリスト教の信者ということになるね。

グラ：韓国ではいたるところに教会があって，夜になると十字架が赤く点灯されるのよ。また，12月25日のクリスマスは祭日になっているの。

　　　さらに，韓国のソルラル（旧正月）は旧暦の2月の上旬，新暦の1月末から2月中旬の数日間ね。また，盆は「秋夕」と書いてチュソクといって，旧暦の9月下

写真 I-22　南北軍事境界線（澁沢・佐野監 1985）

写真 I-23　ローマ法王歓迎ミサ（赤木編 1985）

　　　　旬なの。この正月と盆には，里帰りのために民族大移動となって，商店や食堂は休
　　　　業することもあるのよ。
ジオ：それほどに，正月と盆は韓国の人びとにとっては重要な年中行事なんだ。
グラ：これに対して，北朝鮮では事実上信教の自由はなくて約7割が無宗教なの。その他，
　　　伝統的な仏教や儒教，天道教などが信仰されているのよ。

グラ：また，両国の文字はハングルで「偉大なる文字」という意味ね。これは，李王朝の
　　　時の王・世宗(セジョン)の命によって1443年と44年に創作されたもので，韓国では10月
　　　9日を，北朝鮮では1月15日を「ハングルの日」として祝日にしているのよ。
　　　ハングルは，基本母音10文字と合成母音11文字，これに基本子音14字と合成
　　　子音5文字を組み合わせた科学的な表音文字なの（図I-58）。現在，北朝鮮では漢
　　　字を全廃してハングル文字に統一しているわね。

54 第Ⅰ部 東アジア

```
┌─────────────────────────────────────────────┐
│   ハングルの文字の1部をアイウエオの順に並べたもの   │
│ 라 ラ 야 ヤ 마 マ 하 ハ 나 ナ 사 サ 가 カ 아 ア │
│ 리 リ       미 ミ 히 ヒ 니 ニ 시 シ 기 キ 이 イ │
│ 루 ル 유 ユ 므 ム 흐 フ 느 ヌ 스 ス 구 ク 으 ウ │
│ 레 レ       메 メ 헤 ヘ 네 ネ 세 セ 게 ケ 에 エ │
│ 로 ロ 요 ヨ 모 モ 호 ホ 노 ノ 소 ソ 고 コ 오 オ │
└─────────────────────────────────────────────┘
```

● 母　音　　ㅏ ㅑ ㅓ ㅕ ㅗ ㅛ ㅜ ㅠ ㅡ ㅣ
　（発音）　　a ya ŏ yŏ o yo u yu ǔ i
● 子　音　　ㄱ ㄴ ㄷ ㄹ ㅁ ㅂ ㅅ ㅇ ㅈ ㅊ ㅋ ㅌ ㅍ ㅎ
　（発音）　　K・G N T・D R M P・B S ng ch ch' K' T' P H

図Ⅰ-58　ハングル（豊田ほか 1982）

ジオ：韓国の若い人も漢字が読めなくなっていて，自分の名前が漢字で書けない人もいる
　　　ようだね。

c．産業

グラ：次に両国の産業についてみると，まず韓国の農業はイネを中心とする二毛作が中心
　　　で，最近では園芸農業による野菜の生産と輸出が強化されているね。人口1000万
　　　人を超えるソウルの近郊では，ビニールハウスで年中野菜が栽培されているの（写
　　　真Ⅰ-24）。

ジオ：高麗ニンジンの生産も盛んだよね（写真Ⅰ-25）。

グラ：工芸作物としての薬用ニンジンの商品価値が高いわね。蒸して乾燥した紅参と蒸さ
　　　ずに乾燥した白参があって，紅参の方が高価なの。種をまいて収穫するまで5年
　　　もかかって，ニンジンを植えた後は雑草も生えないほどに地中の栄養分を吸収する
　　　らしいの。

ジオ：……。

グラ：韓国に対して，北朝鮮の農業は，社会主義を背景として共同農場でのコメやコムギ，
　　　トウモロコシなどの生産が中心で，収穫物は政府によって分配されているわね。
　　　水産業をみると，韓国では近海漁業，海苔養殖，製塩などが盛んで，北朝鮮では日
　　　本海のイカ漁を始めとして増えているけど，水産物の漁獲量と生産量は76万トン
　　　（2016年）にとどまっているわね。

グラ：鉱工業では，韓国は1962年からの5か年計画で繊維や織物などの軽工業から重
　　　化学工業化が進んで，ソウルやインチョンでは繊維工業や電気・電子工業などが発
　　　達しているね。

ジオ：最大の工業地域は南東部にあるよね。

写真 I-24　近郊農業（澁沢・佐野監 1985）　　写真 I-25　高麗人参（澁沢・佐野監 1985）

グラ：そう。プサンやウルサン，ポハンの鉄鋼業や石油化学工業，自動車工業，造船業など，臨海型の工業地域が発達しているし，プサン港にはコンテナ基地が整備されて，物流の拠点となっているわね。

ジオ：韓国では原料を輸入して加工品を輸出する輸出指向型の工業を中心としているんだ。

グラ：北朝鮮では，石炭や鉄鉱石がもっとも重要な鉱産資源で，鉄鋼業が製造業の大部分をしめるわね。また，日本海側で水力発電による重工業化がみられて，プジョン（赴戦）ダムやチャンジン（長津）ダムの電力を利用してハムフン（咸興）では化学工業やアルミニウム工業が，中国との国境付近のシニジュではスプン（水豊）ダムの電力を利用した機械工業や繊維工業が発達しているね。

グラ：韓国では，繊維工業や織物工業が盛んで衣類が安いの。ソウルのトンデムン（東大門）やナンデムン（南大門）は二大卸売市場ね。

ジオ：まさに「とんでもなく安くなんでも安い」。

グラ：……。

d. 生活

グラ：次に生活についてみると，一人あたりの国民総所得（GNI）は，韓国が 2 万 7000 ドル（2014 年）を超えているのに対して，北朝鮮では約 500 ドル（2010 年）で，両国間の経済格差は顕著だね。

また，韓国の人口は約 5050 万人で，面積は日本の約 4 分の 1 だから人口密度は 504 人/km^2（2016 年）と世界で 10 番目の高密度国なの。そのうちソウルの人口は約 1002 万人（2015 年）ね。一方，北朝鮮の人口は韓国の半分の約 2528 万人（2016 年）で，このうちピョンヤンは約 286 万人（2014 年）なの。

ジオ：両国では首都への人口の一極集中がみられるね。

グラ：ナムサン（南山）の山頂にあるソウルタワーからソウルの中心部をみると，高層

写真Ⅰ-26　ソウル市街（澁沢・佐野監 1985）

写真Ⅰ-27　ソウルの住宅（赤木編 1985）

　　　　ビルと低層の住宅が混在しているし，住宅は山の麓まで拡大しているわね（写真Ⅰ-26）。
ジオ：山裾を住宅がはい上がっているという状態だね。
グラ：ソウルの市街地では傾斜地に住宅が密集していて（写真Ⅰ-27），旧市街地には伝統的な民家がみられ（同左），その周辺には1960年代後半に開発された住宅（同右上），さらに1970年代に開発された住宅街（同右下）があるの。
　　　　また，ソウルでは以前都市の過密化によってあふれた住民が河川敷に住むという現象がみられたのよ。その一方では近代的な高層住宅が林立しているわね。
ジオ：韓国の住宅の特徴は中高層のマンションにみられるね。
グラ：ソウル市街地域の拡大の状況をみると（図Ⅰ-59），1896年以降ナムサンを中心として，半径15km圏まで拡大していて，北は山の麓まで，南はさらに道路や鉄道沿いに20km圏まで延びているね。
　　　　こうした市街地や住宅地の拡大とともに，地下鉄が周辺地域に延びていて，色によっ

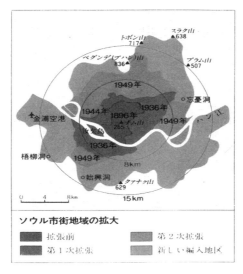

図 I-59　ソウル市街地域の拡大（赤木編 1985）

　　　　て路線が分けられているの。ソウルオリンピックをきっかけに鉄道網や道路網の整備が進められて，市民の重要な足となっているわね。また，ソウル市内を車で動く時には，相当の渋滞を覚悟しなければならないの。特に日曜日の夕方は，地方からソウルに戻る車で高速道路でも渋滞するし，正月や盆の大渋滞は日本どころではないわね。
ジオ：むしろ，電車や地下鉄を利用した方が速くて安いんだ。
グラ：また，インチョン国際空港は 2001 年に東部のキンポ（金浦）空港から移って以来，東アジアのハブ空港としての機能を果たしていて，日本からのアジア便はインチョン経由が多くなってきたわね。
ジオ：ハブ空港って？
グラ：自転車の車軸のハブとスポークとの関係のように，中心となる空港から航空路が周辺に延びて，乗り換えや運賃などの利便性が高い空港のことなの。

◆オンドルとマツタケ

グラ：両国の冬は寒いので，オンドルという暖房施設が発達しているわね（図 I-60）。たき口に近い方をアレンモク（下座），煙出しに近い方をウンモク（上座）とよぶけど，一般的には上座に目上の人や客が座るけど，より暖かいアレンモクの方が，身分の高い人や年配や客の座る場所で逆になっているのよ。
　　　背後の山地の植生に注目すると（写真 I-28），以前はオンドルの燃料として森林が伐採されて，その後に花崗岩の山地ではアカマツ林が生育して，マツタケがよくとれるようになったの。

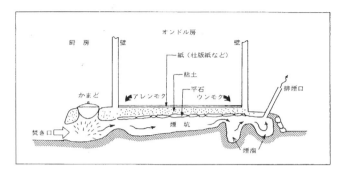

図 I-60　オンドルと断面（月刊しにか編集部編 2002）

写真 I-28　ソウル中心部（赤木編 1985）

ジオ：マツタケは，樹齢 20 ～ 60 年のアカマツに生育するというよね。

グラ：これまで，こうした韓国産や北朝鮮産のマツタケが日本に輸入されてきたのよ。その後，韓国ではオンドルの燃料が重油などに変わって，森林の伐採が減少して植生が回復しているの。

ジオ：これからは韓国産のマツタケが減るし，食べる機会も少なくなるね。

◆同本同姓と結婚

グラ：次に，姓についてみると，韓国や北朝鮮では血縁というのが非常に重視されるの。伝統を重んじる風習があったために，これまで姓は変えなかったのね。韓国人の姓

の数は少なくて僅か286。ちなみに日本人の姓の数は約30万もあるのよ。なかでもキム（金）さん，イ（李）さん（北朝鮮や中国ではリ），パク（朴）さん，チェ（崔）さん，チョン（鄭）さん，この5大姓で韓国の人口の5割以上をしめるの。

ジオ：同姓の人があまりにも多いね。京都の繁華街で石を投げると学生か観光客にあたるといわれるけど，ソウルの街で石を投げるとキムさんにあたるね。

グラ：……。

　　　日本の鈴木・佐藤・田中さんの比じゃないわね。次の山本・渡辺・高橋・小林・中村・伊藤・斉藤さん，この10の姓で日本の人口の約1割で約1000万人だけど，韓国の先ほどの5大姓で5割以上の約2700万人なの。

ジオ：同姓の人が異常なほど多いんだ。

グラ：この多い同姓を区別するために，本貫といって，父方の祖先の出身地である本貫プラス姓でよんで区別をしているのよ。

ジオ：キョンジュ（慶州）のキムさんやチョンジュ（全州）のイさんとよぶんだ。

グラ：テーマを「同本同姓と結婚」としたけど，同族の結婚はこれまで禁止されていたのよ。何代か前，さらには何十代か前の父方の祖先が同じというだけでダメだった。

ジオ：ということは，日本のようにいとこ同士の結婚は韓国では許されなかったの？

グラ：そう。だから若い男女は付き合う前に同本同姓かを確認するの。付き合って，二人が同本同姓だと後で分かると，泣く泣く別れることになるのね。

ジオ：これはつらいね。

グラ：それでも別れられなくて一緒になっても，二人の婚姻は認められなかったのよ。さらに，子供が生まれたとすると，その子は私生児つまり隠し子となったの。この同本同姓の夫婦は約6万組もいたのね。そしてその後，1997年に憲法裁判所がこれに違憲決定を下して，同本同姓の結婚は法的に認められることになったのよ。

　　　また，女性は結婚しても夫の家系には入れなくて，夫婦は別姓を名乗ることになるの。

ジオ：これは北朝鮮でも中国でも同じだね。

グラ：そして生まれた子供は父親の姓を名乗るの。

ジオ：なぜ？

グラ：これは，日本のように女性の社会的な自立のためではなくて，韓国が父系社会だから，つまり儒教の家父長制の思想によるものなの。

ジオ：ここにも儒教思想が反映されているんだ。

グラ：それから，韓国では，これまで家督つまり家を継ぐのは同本同姓の男子のみだったのね。こうした戸主制度を廃止する改正案が国会を通ったけど，「男の子神話」が根強くて，男児を選好する考えが背景にあるの。1990年代の出生性比は，女児100に対して男児116という時もあったのよ。韓国政府は産児制限をして二人までをアピールしているけど……。

ジオ：中国と同じように，農村部では後継ぎの長男が生まれるまで産み続けるんだ。

グラ：ところで，日本は島国だから，大陸に対して遠いイメージをもっている人は多いけど，東アジアの若い人達はインターネットを通して日本の状況を即座に取り入れて，あらゆる情報が韓国や中国，台湾などの若者に浸透しているわね。

ジオ：そうだね。たとえば日本と韓国がいかに近いかをみてみると，関空－ソウル間のフライトは1時間50分で沖縄よりも近くて，福岡－プサン間だと僅か55分。また，韓国へはソウルオリンピックの年からビザなしで入国できるようになって，それ以来毎年更新されていて，身近な場所になっているよね。特に九州の人たちは，東京に行くよりもソウルやペキン，シャンハイ，タイペイの方が近いし安いから，アジアを向いているんだ。

グラ：大陸からの視点で日本をみつめ直す必要があるかもしれないね。

3. 中華の大国

a. 国土

◆ 文化の華の咲くところ

グラ：中華人民共和国の国名は，「諸国の中央に位置して，文化の華咲くところ」という中華思想からきているのよ。

国土は東西4500km，経度差でいうと63°で時差は約4時間あるの（図I-61）。でも中国では標準時は一つなの（図I-62）。ロシアと比較してみて。

ジオ：……。

グラ：東部にあるペキン（北京）が中国の標準時のために，朝7時でも西部地域は真っ暗なのよ。たとえば，スーチョワン（四川）省は北京と2時間の時差があって，朝の7時を過ぎると通勤時間帯になるけど，冬なんか，真暗いなかに自転車のベルと車のクラクションの音がなり響くの。

ジオ：……。

グラ：中国の行政区は，23の省と四つの直轄市（ペキン北京・シャンハイ上海・チョンチン重慶・テンシン天津），五つの自治区（内モンゴル・シンチャンウイグル・チベット・ニンシアホイ族・コワンシーチョワン族），そして二つの特別行政区（ホンコン香港・マカオ澳門）からなるの（図I-63）。このうち，五つの自治区の面積は，中国本土の45%をしめているのよ。シンチャンウイグルやチベット自治区では，漢民族との対立や独立運動が起きているよね。

ジオ：中国がこれらの自治区を手放さないのはなぜ？

グラ：多くの地下資源があるからなの。

ジオ：……。

グラフィー，中国の省名をみると，川や湖，山など自然に由来するものが多いよね。

グラ：そうね。中国の省名は地形に由来するものが多いの（図I-64）。たとえば，ホーペイ（河北）省とホーナン（河南）省はホワンホー（黄河）に，フーペイ（湖北）省とフーナン（湖南省）はトンティンホゥ（洞庭湖）に，チアンスー（江蘇）省とチョーチアン（浙江）省，チアンシー（江西）省はチャンチアン（長江）とその支流に，シャントン（山東省）とシャンシー（山西省）はタイシャン（泰山）とタイハン（太行）山脈にそれぞれ由来しているの。

ジオ：中国の川は黄河と長江に代表されるけど，この河と江という河川名の違いは？

グラ：この違いは二つだけではないのよ。華北と内陸部の川は「ホー（河）」とよんで，その他は「チアン（江）」とよぶの。

図 I-61　中国（マイクロソフト 2001）

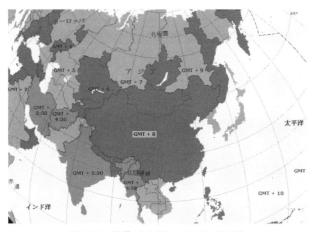

図 I-62　時差（マイクロソフト 2001）

ジオ：つまり，中国の北と南で川の名前が違うんだ。

グラ：「ホー」はアルタイ語の北方系の言葉で，「チアン」は南アジア系の言葉なの。現在の分布は，黄河流域の人びとが北方系の民族に追われて南や東に移動した結果なのよ。

b．経済改革と政治改革

グラ：1912 年の辛亥革命によって中華人民共和国が成立して，社会主義の理念のもとで計画経済が進められたよね。毛沢東のもとで 58 年からの大躍進運動でさらに促進されたの。これは，人民公社による大規模集団化の推進だったけど，その後経済の混乱を招いて生産が減退するのよ。また，中国は「鉄づくり」といって工業化に専

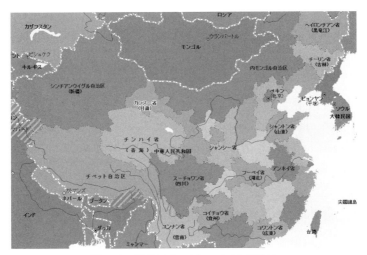

図I-63　行政区（マイクロソフト2001）

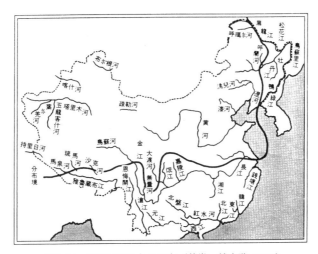

図I-64　中国の川の名の分布（荒巻・鈴木監 1986）

念したけど，そのため農業がなおざりになって飢饉が発生したの。

その後，この毛沢東に替わって国家首席となったのが劉少奇で，彼によって経済は復興したけど，これを毛沢東が資本主義の復活であるとみなすのね。そして，66年に文化大革命（写真I-29）がおきて，伝統文化の破壊，人物の糾弾，国家主席制の廃止，そして中国共産党の一元化指導に改められたの。この時鄧小平は追放され，76年の周恩来，その後の毛沢東の相次ぐ死去によってクーデターがおきて，江青をはじめ四人組が逮捕されたのね。

そして，華国鋒首相兼党主席が四つの現代化を進めるの。

ジオ：それは？

グラ：つまり国防と工業・農業・科学技術の発展をめざしたの。そして，鄧小平，胡耀邦，趙紫陽などが復活することになるの。

写真 I-29　文化大革命（澁沢・佐野監 1985）

　その後，中国の変化のきっかけをつくったのは鄧小平で，彼の指導のもとに78年から改革開放政策による市場経済が導入されたの。農業では，人民公社が解体されて集団経営から生産責任制による個人経営に移行するとともに，農村地域では郷鎮（ごうちん）企業による共同経営が発展したの。
　郷は村，鎮は町のことで，これらが経営する集団所有の企業のことで，中国の市場経済の発展の原動力となったの。そして，90年にはこの郷鎮企業の再育成がおこなわれて，市場原理や競争原理が導入されたのよ。
　また，沿岸部を中心として経済特区や経済技術開発区が設置されて，鄧小平による経済改革や政治改革が進められたの。その後，胡耀邦総書記の追悼式や趙紫陽首相の失脚をきっかけに，1989年6月4日に天安門事件がおきたの。

ジオ：中国の変化の一つのきっかけがこの事件だね。

グラ：そうね。天安門事件では，学生による民主化要求が進められたけど，この民主化運動に対する弾圧がおこなわれて，多くの学生が逮捕されたよね。

ジオ：中国は，2000年のオリンピックの開催地をめぐってオーストラリアと争って負けたけど，その理由の一つがこの天安門事件だったといわれているよね。

グラ：イデオロギーに対するIOC（国際オリンピック委員会）の懸念があったの？

ジオ：人権問題がその背景にあって，オリンピックの候補地としては好ましくないと判断されて，そしてようやく2008年に開催されることになったんだ。

グラ：こうした天安門事件や97年の香港返還の影響もあって，今中国人が海外に移住する傾向が顕著になっているのよ。90年には6万人が流出したけど，彼らの多くは技術者や管理職など高等教育を受けた人びとなの。

ジオ：今後もこうした頭脳流出が懸念されるね。

グラ：そして，江沢民や朱鎔基（しゅようき）がこれをどのように引き継いでゆくのかが注目されたわね。また2002年には胡錦濤（こきんとう）が国家主席になって，温家宝首相の新指導体制となったの。そして，胡錦濤から習近平体制になり，18年に再選されたよね。

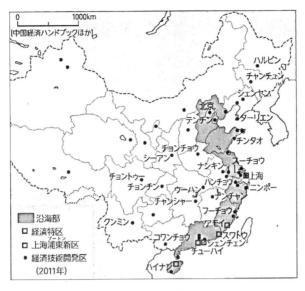

図Ⅰ-65　経済特区（山本ほか 2017）

ジオ：彼がこれから中国をどのようにかじとりしてゆくのか注目されるね。

グラ：中国の経済改革のなかでも，改革開放政策によって今中国の市場経済が大きく発展しているよね。国の所有地だった不動産が売買されはじめて，競争原理が導入されているわね。そして，こうした計画経済のもとで五つの経済特区が設定されたの（図Ⅰ-65）。

グラ：アモイ（廈門），スワトウ（汕頭），シェンチェン（深圳），チューハイ（珠海），そしてハイナン（海南）島の五つで，この経済特区は，技術導入，管理，知識，対外政策のそれぞれ窓口とされているのね。なかでも，ホンコンに隣接するシェンチェンは中国のシリコンバレーともいわれているのよ。40年前は人口僅か3万人であったこの町が，その後約1250万人（2017年）になっているの。平均年齢は31歳で，ここでの年収は中国人の平均年収の10倍を超えるとされるのよ。

ジオ：……。

グラ：社会主義国で，資本主義の経済計画の大きな実験がこの経済特区で進められているわね（図Ⅰ-66）。

グラ：次に，中国の政策とその課題を，まずエネルギー政策からみていくと，中国ではエネルギー消費の多くを石炭や石油などの化石燃料に依存しているし，急増する自動車の排出ガスによって，大気汚染や酸性雨などが深刻な問題となっているよね。また，都市部では微粒子のPM2.5が大気中に滞留して，こうした大気汚染物質が健康被害をもたらしているわね。

ジオ：偏西風や季節風によって朝鮮半島や日本列島にも影響を及ぼしているよね。

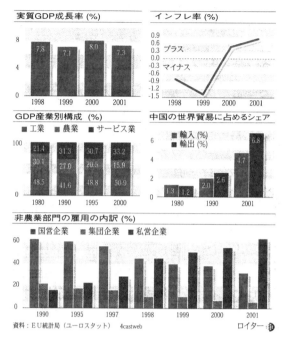

図Ⅰ-66 変貌する中国経済（中日新聞社 2002）

図Ⅰ-67 原子力発電所の分布（中日新聞社）

グラ：また一方では，電力需要の増大にともなって，供給源はこうした化石燃料から，クリーンエネルギーとされる太陽光発電や風力発電に移行しているの。加えて，原子力発電所の建設が進められているけど，それらは偏西風の流れを考えて東部の沿岸部に集中しているのよ（図Ⅰ-67）。

ジオ：……。

グラ：次に，対外政策としては，貿易黒字が続いて輸出入の不均衡が生じているわね。特にアメリカとの貿易摩擦が起きて，両者が貿易品目に高い税金をかけて関税の報復合戦をしているよね。

ジオ：貿易戦争とまでいわれているね。

グラ：さらに，外交戦略として，一帯一路というシルクロード経済帯と21世紀海洋シルクロードの広域経済圏構想を掲げているわね。

ジオ：これに対して，アメリカはインド太平洋地域のインフラ整備への参加を表明したよね。

グラ：中国は，自国の環境問題だけではなくて，アメリカとの関係や世界戦略といった数多くの課題を抱えているのよ。

中国は社会主義政策のゆらぎのなかで，経済的にも政治的にも巨大国となりつつあるわね。今後世界の経済史上で大きな変化があるとすれば，それは中国で，これからの一連の動きが注目されるね。

c. 農業と開発

グラ：次に農業と開発についてみてゆくね。まず，中国の農業は，農牧業の集団化と解体に特徴づけられるの。革命以前には，農民は地主制のもとで苦しい生活を強いられてきたの。

1949年の革命後の土地改革で大地主制が廃止されて，個人で農業を営むことのできる自作農が生まれたけど，土地が細分化されることによって，富農と貧農の分化傾向がでてきたのね。

そこで，政府は1950年に互助組，52年に協同組合としての初級合作社，さらに56年には高級合作社，58年にはこの合作社を統合して政社合一を目的とした人民公社を設立したの。でも，これもうまくいかずに，新憲法で1985年までに解体することになるの。

そうしたなかで，1978年から生産責任制がとられ，そして80年代になって，鄧小平の指導のもとで自由市場が復活するの。

ジオ：生産責任制というのは？

グラ：農家は割りあてられた耕地の経営をまかされて，政府への税金などを除いた残りを，自分の利益とすることができるようになったの。この生産責任制は，1978年の秋に開始されて，84年には全国に普及してゆくの。こうして，中国は78年から改革開放路線を走るわけだけど，経済政策としては92年に中国的社会主義，つまり社会主義市場経済を目標にかかげたのね。

これは経済での自由（資本主義）と政治での平等（社会主義）の両方を得ようとするもので，この矛盾する考えを同時に達成した国はいまだかつてないの。近い将来，中国では政治と経済との矛盾が行き詰まりをみせるだろうといわれていて，どちらかの政策を変えなければならない状況に陥いることになるわね。

ジオ：中国経済がここまで大きく変化している以上，政策を変えてゆかざるを得ないよね。

グラ：このように，経済の自由化は着実に進んでいて，生産責任制による万元戸とよばれる兼業農家が急増したの。年間を通して農家が忙しいのは農繁期で，あとは副業に専念することができるため収入は増大するのね。

各農家の庭に自留地とよばれる土地があって，そこで農産物や水産物などの自由生産に成功した人びとが裕福な生活をしているのよ。

ジオ：以前は万元戸とよんだけど，今は100万元戸の時代になってるよね。

グラ：この万元戸だけど，以前の1元の価値は100円だったから，万元戸というと年収100万円。当時の中国人の平均年収は一人400元ぐらいだったから，約4万円。

ジオ：年に1万元の収入というと，当時としては大変な額だったんだ。

グラ：次に，中国の農業地域は東部の穀物栽培地域と西部の牧畜地域に大別されるの（図I-68）。また，華中にチンリン・ホワイライン（泰嶺・淮河線）といってチンリン山脈とホワイ川を結ぶ線があるの（図I-69）。これは年降水量800〜1000mmのラインとほぼ一致して，これを境に北の畑作地帯と南の米作地帯に分かれるわね。つまり，中国の農業地域は，麦作や雑穀に基盤をおく北部や東北地方と水田稲作に基盤をおく中南部地方とに二分されるの。このラインを境に「南船北馬」といって，これが従来の交通手段で，南部では船を北部では馬をつかって移動したのね。

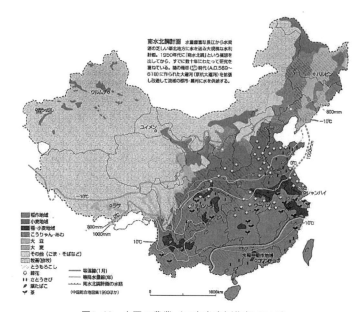

図I-68　中国の農業（二宮書店編集部 2010）

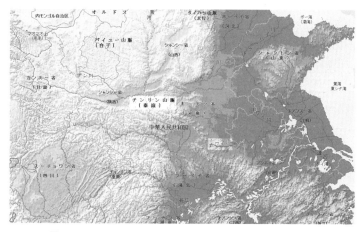

図I-69　チンリン・ホワイライン（マイクロソフト 2001）

ジオ：中国の農業地域は気温や降水量，地形，標高などの自然条件によって区分されていることがわかるね。

グラ：また，中国の国土開発のなかでも，治水，特に大河の黄河や長江の水を治めることは重要で，これまでにいくつかの開発が進められてきたの。その一つが南水北調計画といって長江と黄河を結ぶ運河，これをター（大）運河というの。7世紀に隋の煬帝が，南部の長江の水を北部のホワイ川と黄河の流域に導水して，周辺地域の灌漑を目指したのよ（図I-70・写真I-30）。

ところが，これが周辺の民族の進入路となってしまったために，その後埋め戻され，そして1958年にこの大運河の改修をして掘り起こしたの。それを，さらに北京まで拡張して，総延長1782kmの運河になったのよ。

グラ：次に黄土地帯の開発についてみると，この地域にはガレまたはガリという雨裂地形が広がるわね。木がないために雨が降れば土地が侵食されて崖ができて，こうした

図I-70　大運河①（マイクロソフト2001）

写真I-30　大運河②（秋山編1985）

写真Ⅰ-31　黄土高原の水土保持（河野編 1985）

写真Ⅰ-32　サンメンシャダム（河野編 1985）

　　　　土砂の流出と崩壊を防ぐために，土地は細長い段々畑にして植林されているのよ（写真Ⅰ-31）。
- ジオ：黄河は「十年九旱一水」といって，10年のうち9年が干ばつで1年が洪水にあうといわれているよね。
- グラ：そのために，中国では自然改造計画のもとに，この黄河流域に46のダムと水利センターが建設されたのね。シーアン（西安）の東約150kmのサンメン（三門）にサンメンシャ（三門峡）ダム（写真Ⅰ-32），そして上流のカンスー（甘粛）省のランチョウ（蘭州）の西部にリュウチャシャ（溜家峡）ダムが建設されたの。
- ジオ：黄土高原を侵食して流れるからまさに黄色い河だね。

◆三峡ダムと沈む遺跡

- グラ：長江流域の開発をみると，長江（写真Ⅰ-33）では漢代から清代の末までの約2000年間に，214回の洪水がおきているのよ。
- ジオ：10年に1回の割合だから黄河と同じだね。1998年に大洪水になったことがあるよね（写真Ⅰ-34・35）。
- グラ：こうした暴れ川のために，孫文の提案で1919年に長江中流にダムの建設が計画されたけど実現せずに，75年後の94年12月にようやく着工されたのよ。
　　　　湖北省のイーチャン（宜昌）（図Ⅰ-71）の西にサントウピン（三斗平）があって，ここにサンシャ（三峡）ダムが建設され，15年後の2009年に完成したの。これは洪水防止や発電・水運・給水といった多目的ダムで，その下流にはコウチョウパー（葛洲覇）ダムという閘門式のダムがすでにできているのよ。
　　　　98年の長江下流域の大水害は，実はこのサンシャダム建設が着工されたために起きた人災ではないかともいわれているの。中国政府は長江上流域の森林伐採と開発という人為的要因を洪水の原因にあげているのよ。実は，私たち日本人が使っている割り箸の多くは，この長江上流域の木材を伐採してつくったものなの。
- ジオ：日本人もこの長江の洪水の一要因となっているんだ。

写真Ⅰ-33　長江

写真Ⅰ-34　長江の大洪水①（中日新聞社 1998）

写真Ⅰ-35　長江の大洪水②
（中日新聞社 1998）

グラ：97年11月8日にはダムの堤体を埋めたてて，長江の本流がせき止められた瞬間を中国全土に中継していたのよ（写真Ⅰ-36・37）。

ジオ：当時の江 沢民総書記と李 鵬首相だね。

グラ：なお，日本最大の岐阜県の徳山ダムの総貯水量は約6.6億 m^3 だけど，この三峡ダムはその約60倍，世界最大の貯水量と発電能力2250万 kw を誇るのよ（写真Ⅰ-38）。

ところが，このサンシャダムの建設によりダム湖ができて，13の都市と140の町，657の工場と44か所の遺跡が水没して，113万人の住民が移住を余儀なくされたの。

ジオ：……。

グラ：また，遺跡では『三国志』にでてきた有名な遺跡が影響を受けたの。たとえば，劉備が呉に敗れて，そして病に倒れたあの白帝城が離れ孤島になったり，諸葛孔明が星占いをしたとされる星座廟や三国志の蜀の将軍だった張飛の墓がある張飛廟も水没したの。

72　第Ⅰ部　東アジア

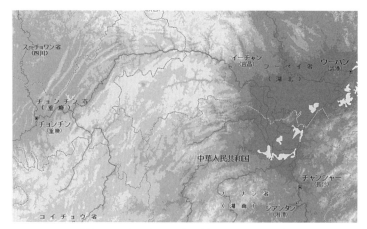

図Ⅰ-71　イーチャン（マイクロソフト 2001）

写真Ⅰ-36　長江堤体の埋めたて①（解放日報 1997）

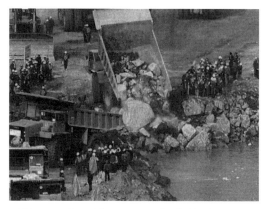

写真Ⅰ-37　長江堤体の埋めたて②（解放日報 1997）

写真Ⅰ-38　サンシャダム（epochtimes HP 2010）

d. 人口増加と人口抑制策

グラ：次に，今問題となっている人口増加と人口抑制策についてだけど，中国の人口は2016年のデータで約13億8000万人なの。ただし内陸や山間部の人口調査が不充分で，実際には14億人ともいわれているのよ。その9割が漢民族で，他に55の少数民族からなる多民族国家ね。人口は2030年まで増加して，14億人を超えてピークを迎えるらしいの。

ジオ：だから人口抑制策をとらざるを得なかったんだ。

グラ：この13億を超える人口というのは，世界総人口74億人（2018年）の約2割になるのよ。

ジオ：つまり世界の5人に一人がチャイニーズ……。

グラ：中国の発展の原動力となっているのがこの巨大人口で，弊害になっているのも実はこの人口なの。
　　　1950～90年までの人口の推移をみると（図Ⅰ-72上），右肩上がりに着実に増加しているよね。中国では，これまでに年間約1200万人ずつ人口が増えて，2000年代になって年間700万人前後の増加になっているの。

ジオ：ということは，平均すると5秒に一人の割合で子供が生まれてきたんだ。

グラ：また，出生率と死亡率，自然増加率の推移をみると（図Ⅰ-72下），1960年頃に死亡率が増えて出生率と自然増加率が減っているけど，この変化はチベットの反乱やインドとの国境紛争の影響によるものなの。
　　　こうした人口増加の一方では，出稼ぎや農業離れによって都市への人口移動が顕著で，農家一戸当たりの作付面積が減少しているの。1960～70年代にかけて，都市と農村の人口比率は2対8の割合だったけど，2010年代になって逆転して6対4の割合（2017年）になっているのよ。

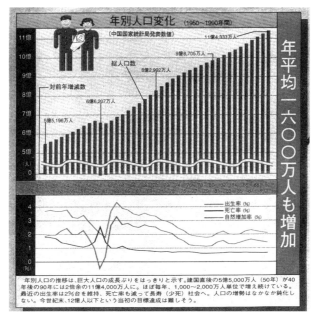

図I-72 年別人口変化（中日新聞社 1992）

ジオ：……。
グラ：都市人口の多くは，チョンチン（重慶）やシャンハイ，ペキンなどに集中しているわね。また，こうした人口とともに肉類特に牛肉の消費が増加していて，中国では今焼き肉ブームなの。そのために，飼料穀物の需要が増えて需給のバランスがとれなくなっているわね。中国は2006年まで約1000万トンの穀物を輸出していたけど，その後は輸入に転じて，アメリカに次ぐ穀物輸入国になったの。
ジオ：中国のこうした人口増加が，世界の食料事情に深刻な影響を与えることは必至だね。
グラ：21世紀の半ばには，中国だけでなく世界中が食料難に陥るといわれている。
ジオ：そのために，中国は人口抑制策をとってきたんだ。
グラ：中国の人口を約13億8000万人とすると日本の10倍以上よね。ジオ，もしこの13.8億の人びとが北京の天安門広場を4人1列になって前後の間隔を1.8mずつあけて昼夜歩いたとすると，どのくらい時間がかかると思う？
ジオ：想像つかないな……。
グラ：答えは10年。
ジオ：……。
グラ：そして，この10年間に約7000万人の子供が生まれるからプラス半年。この間に約350万人生まれるからさらにプラス数か月。行進の最後尾は乳母車の行列ということになるの。結局13.8億の人が天安門の前を歩くと11年位はかかるといわれるのよ。
　　　それじゃ，もう一つね。中国人が地球の赤道上（約4万75km）を隣りの人との間

隔を 1m ずつあけて手をつないで並んだら，地球を何周すると思う？

ジオ：……。

グラ：答えは 35 周。

ジオ：……。

中国人がいかに多いかがわかるね。

◆日本人と同じ数の李さん

グラ：次に別の視点で中国人の多さをみてみるね。中国の名字のベスト 3 は李・王・張で，この三つで約 2 億 7000 万人を超えるの。このうち李さんは約 1 億 770 万人で総人口の約 8％（2017 年）にもなるのよ。

ジオ：日本人の約 9 割が李さんなんだ……。

グラ：次に，人口の推移をみてみると，出生率は 30‰台から 10‰台に，死亡率は 20‰から 6‰に減少しているね（表I-4）。また，1949 ～ 91 年までの人口増加率をみると，60 年代半ばをピークにその後 10‰台で落ち着いているの。また中国の総人口は，1949 年に 5.4 億人，75 年に 9.2 億人，2005 年に 13 億人だね。

ジオ：このペースでゆくと 2030 年には 16 億人を超えるね。

グラ：そのために，中国は人口の抑制と資質の向上をめざして人口政策をとってきたの。「計画生育政策」いわゆる「一人っ子政策」で，1979 年以降に晩婚や晩産を奨励したのね。これは，まず結婚年齢に制限をもうけるというもので，男性が 22 歳以上，女性が 20 歳以上なの。このうち，男性が 25 歳以上，女性が 23 歳以上で結婚した場合が晩婚とされて，女性が 24 歳以上で出産した場合は晩産とされるの。でも，実際には二人の年齢を合計して 50 歳以上でないと結婚は許可されなかったの。

1953 ～ 90 年までの人口構成の変化をみると，0 ～ 14 歳の年少人口が減り，15 ～ 64 歳の生産年齢人口が増えて（図I-73）して，GDP（国内総生産）が急成長しているわね。

ジオ：日本のような先進地域では，年少人口が減少して高齢化が進んでいるよね。

表I-4　人口の出生率・死亡率・人口増加率（‰）（坂口ほか編 1993）

年度	総人口（億人）	出生率	死亡率	人口増加率
1949	5.4	36.0	20.0	16.0
1950	5.5	37.0	18.0	19.0
1960	6.6	20.9	25.4	－ 4.6
1965	7.3	37.9	9.8	28.4
1970	8.3	33.4	7.6	25.8
1975	9.2	23.0	7.3	15.7
1980	9.8	18.2	6.3	11.9
1985	10.6	17.8	6.6	11.2
1991	11.4	19.7	6.7	13.0

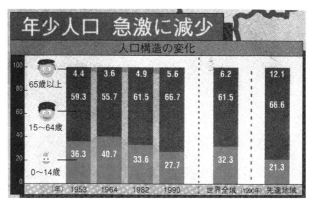

図I-73　人口構成の変化（中日新聞社 1992）

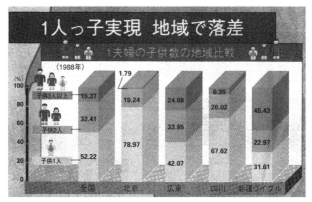

図I-74　一人っ子実現　地域で落差（中日新聞社 1992）

グラ：1990年の中国の状況と世界全域・先進地域を比較すると，先進地域型になりつつあるのよ。

この一人っ子政策を地域別に比較すると，全国では半分以上が一人っ子で，ペキンとスーチョワン省，コワントン省，シンチャンウイグル自治区を比較すると，コワントンとシンチャンウイグルでは二人以上が6～7割もいるのよ（図I-74）。

そういったなかで，ペキンでは高齢化が進むと子供の負担が重くなることを配慮して，一人っ子政策は緩和されたの。これは，一人っ子の男女同士が結婚した場合に限り，二人目の子供の出産を認めるというものだったの。

一方，中国の農村部では黒孩子といって，無届け戸籍の子すなわちヤミっ子が現在千数百万人いるといわれているのよ。

ジオ：なぜこうしたヤミっ子が増えるの？

グラ：農村部では生産請負制が浸透して，後継ぎとしての男の子が必要なのね。また，伝統的な男尊女卑の思想が今なお残っていて，男の子が生まれるまで産み続けるの。

ジオ：韓国と似ているところがあるね。

グラ：さらに，経済開放政策にともなって人口の流動現象が著しくなって，出稼ぎとして

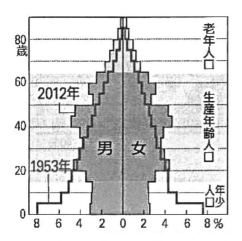

図I-75 中国人口ピラミッド（山本ほか 2012）

の男手が足りなくなっているの。こうしたことが原因となって，農村部で子供が増えているのね。こうした一人っ子政策のために，少産少死が進行して平均寿命が高くなっているの（図I-75）。

また，合計特殊出生率といって一人の女性が産む子どもの数は 1.6 人前後で，他の東アジア諸国と同じように低い数値を示していて，将来少子高齢化などの問題が懸念されるのよ。

ジオ：日本と同じような状況が待っているんだ。

グラ：日本の十数倍の人口だから事態は深刻で，労働難や結婚難，老後難を招いているために政策の転換を迫られ，中国政府は 2015 年に 36 年間続いてきた一人っ子政策の廃止を決定したのよ。

e．香港の返還とその後

グラ：1997 年の 7 月 1 日に香港は返還されたけど，その歴史をみると，アヘン戦争に敗北した後の 1842 年の南京条約で，清朝は九竜半島の市街地をイギリスに割譲，つまり分割譲渡したの。19 世紀半ばの当時の香港というのは，「海賊の島」や「不毛の島」とよばれていて，人口わずか 7500 人だった島が，今では約 700 万人にふくれあがっているのよ。

ジオ：「アジアの十字路」といわれているよね。

グラ：夜景が美しいので「東洋のほたるかご」とよばれたり，中継貿易の基地で中国の対外経済に重要な位置をしめることから，「中国の勝利」ともいわれているわね。

ただ，この香港においても貧富の差が激しくて，1DK に 4〜5 人で暮らして家賃 2 万円というところもあれば，4DK で 30 万円のところに住んでいる人びともいるの。

ジオ：こうした金持ちがここ数年カナダやオーストラリアに移住しているよね。

グラ：返還されてからは，一国二制度のもとに資本主義制度を維持して，マカオとともに中国の特別行政区となっているの。でも，香港の人びとは返還後も中国の政情と経済の変化に不安をいだいているのよ。

ジオ：香港の 700 万人を超える人びとが今後どう動くのかが注目されるね。

4. 成長する台湾

a. 国土と自然

◆隆起する島

ジオ：台湾のことを Formosa フォルモサともいうよね。

グラ：16 世紀に台湾の沖合を航行していたポルトガル船のオランダ人航海士が，島を見て "Ilha Formosa"「美しい島」とよんだことから，「美麗島」といわれるの。
国土は本島と周辺の約 80 の島からなっていて，総面積は 3.6 万 km² で九州とほぼ同じね（図 I-76）。

ジオ：木の葉のような形をしているね。

グラ：中国とは台湾海峡，フィリピンとはバシー海峡を隔てて，日本の最西端の与那国島とは僅か約 110km の距離なのよ。

ジオ：タイペイ（台北）よりも南なんだね。

グラ：台湾は山がちの島国で，総面積の 3 分の 2 は山地からなるのよ。新期造山帯に属していて，台湾の地形や地質構造はほぼ南北に走る島の長軸に平行して配列しているの。台湾山脈には 3000m を超える山が 50 近くあって，なかでもユイサン（玉山・旧新高山）は 3952m に達するの。

ジオ：富士山よりも高いんだ……。

グラ：東部には台湾山脈に並行して海岸山脈が走っていて，タイトン（台東）地溝帯がこれらを分断しているの（写真 I-39）。
今から 900 ～ 600 万年前に，ユーラシアプレートにフィリピン海プレートが衝突して，ユーラシアプレート上の堆積物を押し上げて，海上に姿を現したのが台湾なの。

ジオ：フィリピン海プレートは年に 7cm の早さで移動しているよね。

グラ：そう。その圧力で島全体が世界でもっとも早い速度で隆起し続けているの。陸地だけでなくて，海の珊瑚礁も年に 2 ～ 4mm の早さで隆起していて，これはヒマラヤ山脈と同じ速度なの。また，このフィリピン海プレートの影響を受けて，台湾西部を南北に走るチェルンプ断層が動いたの。1999 年の 9 月 21 日に震度 7 の地震が発生して甚大な被害になったよね。
また，中南部のチャーイー（嘉義）を北回帰線が通っていて（写真 I-40），気候は温暖湿潤（Cfa）で，南部の一部は熱帯モンスーン（Am）からなるの。こうした風土を利用して，台湾では太陽光発電や風力発電などの再生可能エネルギーの開発が進められているのよ。

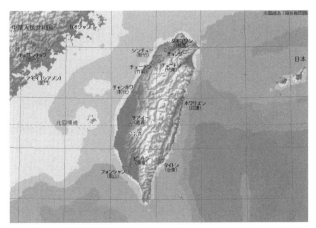

図I-76　台湾①（マイクロソフト2001）

写真I-39　台湾②（国土交通省HP2018）

写真I-40　北回帰線標誌

b. 歴史

グラ：約2万年前の状況をみると，ヴュルム氷期には台湾はアジア大陸と陸続きとなって（図I-77），アジア各地域からの人びとの移動と拡散があったとみられるの。

ジオ：沖縄県の白保竿根田原洞穴遺跡からは，人骨が出土しているよね。

グラ：そう。約2万7000年前とされていて，復元された顔は中国南部やベトナムなど南方系の人びとの特徴があるとされて，その間に位置する台湾との結びつきも考えられるの。

グラ：また，1945年に台湾は中国に返還されたけど，政治の主導権をめぐって，毛沢東の指導する中国共産党と蔣介石率いる国民党との間に対立が生じたの。中国共産

図Ⅰ-77　約2万年前の海岸線の位置（諸澤監 1988）

　党との内戦に敗れた国民党は，1949年にナンキンからタイペイに移って，中華民国と称して以後国民党政府が統治することになるの。現在は，孫文の三民主義（民族主義・民権主義・民生主義）に基づいて民主共和制がしかれているわね。

ジオ：中国とは異なる資本主義のしくみのもとで，独自の国づくりが進められているんだ。

c. 産業

◆ AIの拠点

グラ：農業では，西部の平野部で米作が盛んで，その他にはパイナップルやサトウキビなどが栽培されているわね。また，中北部と山地帯では烏龍茶が，その他の地域では包種茶や東方美人茶，鉄観音茶など，その他の烏龍茶が生産されているの。
　工業では，台湾は資本主義による経済運営を進めて，アジアNIEs（新興工業経済地域）の一つにあげられるの。

ジオ：それって？

グラ：工業製品の輸出を中心に，急速に工業化を進めた国や地域のことで，韓国やシンガポール，香港などがそうね。また台湾は，世界の情報通信技術（ICT）産業ではトップをしめるの。パソコンや集積回路（IC），液晶パネルの分野の発展が顕著で，シンツウ（新竹）は台湾のシリコンバレーともよばれていて，電子・電気機械の輸出額は4割弱（2013年）をしめるのよ。また，台湾はアジア・太平洋地域の人工知

能（AI）の拠点としても注目されているの。

d．住民と社会

グラ：住民は中国から移住した漢民族が大半を占めるけど，先住の民族はその漢民族と同化が進んだ平埔族や高地などに住む高山族とに分かれるの。

ジオ：高山族は，かつて高砂族とよばれていたよね。

グラ：高山族は，マレー系をはじめとして東部地域を中心に居住しているわね。
台湾の人口は約2350万人（2016年）だけど，人口密度になると約650人/km^{2}を超えて，ミニステートを除くとバングラデシュに次ぐ世界第2位の過密国となっているのよ。人口の多くは，島の北部と西部の主要都市に集中していて，シンペイ（新北）・タイペイ・タオユエン（桃園）・タイツォン（台中）・タイナン（台南）・カオション（高雄）などが南北に並んでいるわね。
また，台湾では政教分離を基本としているので宗教信仰の自由が保障されて，道教やキリスト教，仏教などが信仰されているの。特に道教は台湾でもっとも信仰されていて，数多くの寺や廟があるわね。

e．交通

グラ：交通についてみると，タイペイとカオションを結ぶ台湾高速鉄道（新幹線）が2007年に開通しているの（写真I-41）。

ジオ：日本の新幹線技術と車両を導入しているよね。

グラ：海岸線沿いの都市を結ぶ鉄道網も発達していて，1991年には鉄道で台湾を一周できるようになったのよ。また，チャーイー駅から標高2451mのヂゥーシャン（祝山）駅まで走るアーリーシャン（阿里山）森林鉄道は，傾斜地のため途中スパイラ

写真I-41　台湾高速鉄道

ルループ線とスイッチバック線になっているの。なお，アーリーシャンは山塊の総称で，烏龍茶の産地としても知られるのよ。

また，道路ではチーロン（基隆）とカオション間，チーロンとピンドン（屏東）間で高速道路が整備されて，高速バスが主要都市の間で 24 時間運行されているわね。

ジオ：日本と同じだね。

グラ：航空路線網も発達していて，主要都市間は所要 1 時間以内で結ばれているの。こうした鉄道や道路，航路の発達で，日帰りで台湾を一周することも可能になっているのよ。

5. 内陸の遊牧国

a. 国土と自然

◆人よりも多い家畜

グラ：国名のモンゴルは「荒れた土地，草の生育の悪い土地」を意味するの。内陸国で，面積は156.4万km²で日本の4倍もあるのよ（図I-78）。これに対して，人口は約300万人（2016年）で日本の約60分の1，だから人口密度は2人/km²になるの。

ジオ：台湾や韓国，日本と比較すると随分低いね。

グラ：しかも，人口の3分の1が首都のウランバートルに集中しているから，周辺地域の人口密度は実質的には一人以下なの。これに対して，ヒツジやヤギなどの家畜の数は人口の十数倍にものぼるのよ。

ジオ：牧畜民族国家といわれてきたわけだ。

グラ：また，モンゴルの気候は大きく三つに分かれるの。まず北部の大陸性気候で，これは冬のシベリア気団の影響を強く受けて，ウランバートルの1月の平均気温は－20度を下回るのよ。

国土の大半は中部のステップという半乾燥気候で，丈の短い草が生育する短草の草原地帯が広がっていて，このステップはさらに三つに細分されるの。まず，ハンガイという森林ステップね。これは「満ち足りた」という意味で，馬や羊の放牧には

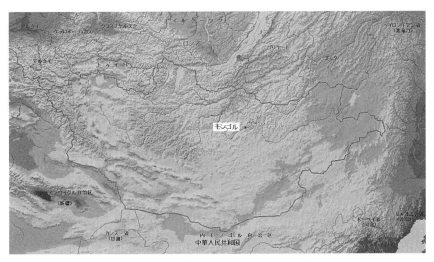

図I-78　モンゴル（マイクロソフト2001）

84　第 I 部　東アジア

最適のところなのよ。それからヘール・タルという草原ステップとゴビという砂漠性のステップがあるの。

さらに，南部は砂漠気候でゴビ砂漠につながる乾燥地域が広がっているの。

地形をみると，国土の大半は平均高度約 1600m のモンゴル高原で（図 I-78），標高 1000 ～ 1500m に 4 割の地域が含まれるの。山地は北部にサヤンとヤブロノーヴイ，中部にハンガイ，西部にアルタイの各山脈が連なって，南部にはゴビ砂漠が広く分布するわね。

b.　歴史と社会

グラ：新石器時代に西方から移住してきた遊牧民が，スキタイ人の騎馬文化を受け入れて，遊牧騎馬民族として各地で数千年にわたって活動するわね。その後，諸部族の興亡を経て，1206 年にチンギス＝ハンによってモンゴル帝国が誕生して国家の統一がなされるの。

ジオ：広大な領土の帝国となってゆくんだよね。

グラ：ただ，その後子供達に領土の分与をしたために，オゴタイ＝ハン，チャガタイ＝ハン，キプチャク＝ハン，そしてイル＝ハン国にそれぞれ分裂することになるの。そして，世祖フビライ＝ハンによる元の中国支配の後に明によってモンゴル高原に追いやられるの。その後 16 世紀の末にツングース系の女真族（満州族）の侵入を受けて，17 世紀には清国の支配下になるのよ。

ジオ：そして，内モンゴルに対して外モンゴルとよばれるよね。

グラ：この外モンゴルは，1911 年の辛亥革命を機に独立を宣言して君主国を立てて，24 年に社会主義に基づく人民共和国の成立を宣言するの。

ところが，中国はその後も宗主権を譲らなかったのね。そこで，45 年のクリミア半島でのヤルタ協定の後に住民投票をして，翌年の 46 年に中国から正式に分離することになるの。そして，92 年の 2 月 12 日に民主主義国家として誕生して，国名をモンゴル国としたの。政治的には大統領の直接選挙制で，一院制の議会がもりこまれていて，また経済面では私有財産や土地の私有が認められているのよ。

ジオ：隣国の中国とはずいぶん違うね。

グラ：それからモンゴルの宗教だけど，伝統信仰（32％）やチベット仏教（ラマ教 23％）その他が信仰されているわね（2005 年）。

c.　産業

◆定住化する遊牧民

グラ：主要産業は，国土の 7 割以上を占める牧場と牧草地を利用したヒツジやヤギ，ウ

写真 I-42　ハンガイ地域でのヒツジの放牧（駒井編 1985）

写真 I-43　モンゴルの移動住居（澁沢・佐野監 1985）

マなどの遊牧で（写真 I-42），空と大地という自然とともに生きてきたモンゴル人の移動の生活があるのよ。

遊牧での居住形態だけど，従来はゲルとよばれる移動式の簡易テントをつかっていたの（写真 I-43）。その後ネグデルとよばれる協同組合の組織化によって，遊牧民の定住放牧化が進んでいるのよ。また，家族の働き手だけが家畜をつれて，季節に応じて牧草地に行くという牧畜形態に移行しているの。

ゲルは最近観光資源として注目されていて，ホテルやキャンプ場に設けられた観光ゲルとして，遊牧民気分を味わうことができるのよ。

こうした遊牧民の定住化に伴って，最近では木造家屋が目立つようになったわね。でも実際には，ゲルとの併存もあるの（写真 I-44）。

ジオ：なぜ？

グラ：従来の居住形態への愛着もあって，冬はゲルで夏は木造家屋で生活するといったつかい分けがみられるのよ。また，ゲルが戸建て住宅の一つとして認められて，ゲルの定住地区もあるの。

写真I-44　ウランバートルの旧住宅密集地（駒井編 1985）

グラ：鉱業では，世界屈指の埋蔵量を誇るモリブデンをはじめとして，金や銅，石炭などの鉱産資源の開発を進めているのよ。貿易相手国は隣接するロシアと中国で，大国に依存した経済となっているの。

d．人口

◆産めよ増やせよの国家政策

グラ：モンゴルでは，産めよ増やせよの国家政策がとられていて，早婚多産を奨励しているために合計特殊出生率は2.7（2014年）と高いの。

ジオ：お隣の中国とは反対の人口政策だね。

グラ：モンゴルでは子宝天国で，具体的には，8人以上を出産すると母親に毎年日本円にして約30万円の賞金と「国の母」という一等の勲章が授与されるのね。また，4人以上を出産すると，50歳で年金受給の資格が得られるのよ。

ジオ：通常は？

グラ：55歳。さらに，ふた子や三つ子などの多胎産児については，子供達が18歳になるまで生活費の全てが保障されることになっているの。
　　一方，モンゴルでは18歳で選挙権が得られるけど，その時独身であった場合または結婚して1年以上で子供のない場合は，月収の2％が徴収されてきたのよ。

ジオ：国の政情によって人口政策がまったく違うんだね。

第II部　ヨーロッパ

1. アニメからみるヨーロッパ

◆キキとジジが向かったのはどこ？

グラ：ヨーロッパの地誌をみてゆく前に，私たちの地理観をアニメで確かめてみたいの。
ジオ：アニメで？
グラ：テーマは「キキとジジが向かったのはどこ？」
ジオ：それって「魔女の宅急便」？
グラ：そう。宮崎 駿さんや高畑 勲さんが，これまでに監督としてあるいはスタッフとして携わってきたアニメをみてみると，二人の地理観を垣間みることができるのよ。二人は世界の各地域を自分の足で歩いて見聞して，そしてそれを映画の舞台にしていたり，各地で得た情報が各シーンに散りばめられているの。こうしたアニメを地理学的に分析・解釈することで，地域の情報を読み解くことができるの。
　ジブリ作品の舞台をみてみると（図II-1），たとえば「ルパン三世 カリオストロの城」の舞台は，スイスとオーストリアの間のリヒテンシュタイン。「アルプスの少女ハイジ」は，スイスのグラウビュンデン州のマイエンフェルト。
ジオ：「母を訪ねて三千里」は，『自然の旅』で紹介したけど，イタリアのジェノバからア

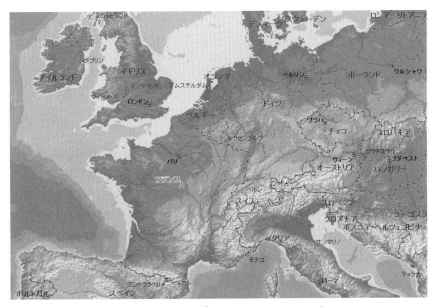

図II-1　ヨーロッパ①（マイクロソフト 2001）

ルゼンチンのパンパとグランチャコという地域だね。
グラ：ジオ，「ナウシカ」は？
ジオ：風の谷？
グラ：巨大産業文明が崩壊して1000年後の世界を描いているの。「天空の城ラピュタ」の舞台は，イギリスのウェールズ地方の炭鉱町から天空の城。
ジオ：……。
グラ：「紅の豚」はイタリアのアドリア海沿岸で，「ハウルの動く城」はフランスのプロバンス地方が舞台になっているわね。

グラ：また，日本を舞台にしたものとして，ジオ，「となりのトトロ」は？
ジオ：東京郊外の武蔵野といわれているよね。
グラ：「火垂るの墓」は神戸，「おもひでぽろぽろ」は東京からベニバナの山形，「平成狸合戦ポンポコ」は東京の多摩丘陵で，「耳をすませば」も東京郊外。
ジオ：「もののけ姫」は，『環境と人の旅』で紹介したけど，青森と秋田の県境の世界遺産になった白神山地からタタラ場の山陰地方だね。アニメの背景描写として，屋久島の照葉樹の森を参考にしているんだ。
グラ：「千と千尋の神隠し」は東京郊外から神の世界。
ジオ：……。
グラ：「崖の上のポニョ」は広島県福山市の鞆(とも)の浦（写真Ⅱ-1）。宮崎 駿さんはここで3か月間，アニメの構想を練ったといわれているのよ。「風立ちぬ」は群馬，東京，長野の軽井沢，愛知の名古屋，そして回想でドイツが舞台になっているわね。
ジオ：両監督が実際に歩いて見聞したところが映画の舞台になっているんだ……。
グラ：そして，「魔女の宅急便」はヨーロッパが舞台ね。ジオ，このアニメを地理学的にみるとどのようにみえるかを一緒に考えてみたいの。アニメから読み取る世界観，それは人間模様だけでなくて，舞台となった地域の状況を視点を変えてアニメをみると，さらに世界観が広がるの。

写真Ⅱ-1　鞆の浦

空中から地上をみることはあまり経験がないけど，バーズビューといって，鳥の目線で，ここではホウキにまたがったキキの目線で，地上を斜め上からみるとどのようにみえるか，そういう視点でこのアニメをみてみたいの。

13歳のキキが魔女としてひとり立ちをするために，満月の夜に旅立ってコリコという町で魔女としての修行をつむの。テーマは「自立」なのよ。

ジオ：そのために宅配便をして働くんだ……。

グラ：ジオ，それでは問題です。キキがジジとほうきで飛んだのは，どの国からどの国へか，あるいはどの地方からどの地方へか，そしてなぜそのように判断したのか，その理由を聞かせて。

ジオ：……。

グラ：映画のなかにそのヒントがいくつも出てくるのよ。私がみる限り30くらいはあるわね。まず，そのヒントを点のイメージで捉えるの。点を線に結びつけてゆくのが歴史学だけど，ここではこの点と線をさらに面に広げていってみて。ポイントをいかにエリアとして組み立ててゆくか。点と線を拡大して，空間認識として捉えるの。

ジオ：これが地理学的視点だね。

グラ：そう。「もののけ姫」や「となりのトトロ」，「母を訪ねて三千里」と同じように，この「魔女の宅急便」を地理学的な視点でみてゆこうと思うの。

グラ：まず出発地と到着地の気候の違いに注目すると，植生と人びとの服装の違いでそれがわかるわね。出発地では針葉樹が多くて長袖，到着地では広葉樹が多くて半袖だった。また，キキは半日で移動しているけど，この半日の移動で気候が違うの。

ジオ：ということは少なくとも国内ではないね。

グラ：さらに，出発地が淡い色で到着地がクリアな色で表現されていて，両者の違いが鮮明になっているの。ストーリーをみると，キキの出発時間は夕食後の子供たちが起きている時刻で，おおよその出発時間がわかるわね。

ジオ：ポイントはあるの？

グラ：大きくは三つあって，キキは出発する時に，「南の方に行く」といっている。それから「海のみえる所」ともいっているし，それを友達がうらやましがっている。そして，キキは島に近づいた時に初めて海をみて感動するの。

ジオ：ということは，出発地は海のない内陸部ということになる。

グラ：だから，出発の時に広がる水辺は湖か大きな川ということになるの。また，途中でキキは海を渡っていない。つまり出発地は島国ではない。消去法でいくと，出発地と到着地はイギリスやアイルランド，アイスランドの島ではないわね。また，途中で急に雨が降り出して貨物列車のなかで雨宿りをするの。これは，気候の変わりやすい地形，起伏のあるところが南の方にあることを示しているわね。

そして，そのまま寝入ってしまって列車にゆられ，翌朝目がさめるとまぶしい太陽の光が降り注いでいる。

写真Ⅱ-2　ビッグベン

図Ⅱ-2　ドゥブロヴニク・ロヴィニ（マイクロソフト 2001）

写真Ⅱ-3　ドゥブロヴニク（菅家編 2011）

図Ⅱ-3　コインブラ（マイクロソフト 2001）

写真Ⅱ-4　大学都市コインブラ（栗原編 1984）

ジオ：つまり，気候が大きく変わっている。
グラ：そう。太陽光線の角度から5時や6時の早朝ではなくて，陽が随分高くなってから。ということは，ディーゼルの貨物列車で10時間前後移動したことになるわね。
ジオ：列車の時速は平均何キロかなぁ。途中の停車時間などを考慮するとおおよその移動距離が出せるよね。
グラ：そうね。列車で雨宿りをした地点と到着地は5〜600km以上は離れているよね。そして，キキとジジはコリコという島に着くのね。到着地では車は右側通行だったので，左側通行のイギリスやアイルランドではないわね。
ジオ：時計台のシティタワーはロンドンのビッグベンに似ているけど。
グラ：シティタワーは島の丘の高い所にあるし，ビッグベンはテムズ川沿いの低い所にあるわね（写真Ⅱ-2）。
ジオ：このアニメの舞台の候補地は？

図II-4 イタリア・ギリシア（マイクロソフト 2001）

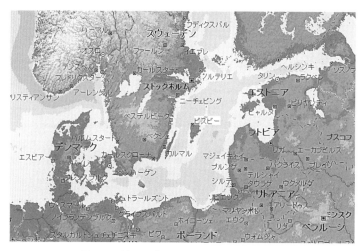

図II-5 ヴィスビー（二宮書店編集部 2010）

グラ：いくつかあって，まずクロアチア南端のアドリア海沿岸のドゥブロヴニクというところで（図II-2・写真II-3），世界遺産にもなっているの。次にクロアチア北部のイストラ半島のロヴィニという町ね（図II-2）。さらに，ポルトガルの中部にあるコインブラという大学都市（図II-3・写真II-4）。その他にはローマの北のテベレ川流域にあるソリアーノ・メルチニーナという城壁都市だったり，ギリシア東部のアテネの南東にあるミコノス島のカルカータという中世起源の都市などがあるのよ（図II-4）。

また，宮崎監督はバルト海のゴトランド島にあるヴィスビー（図II-5）という町を実際に取材しているわね。

ジオ：グラフィー，正解はあるの？

グラ：実は私にもよく分からないわ。

ジオ：……。

　　　でも，普段なにげなくみているアニメも地理学的にみるとおもしろいね。

グラ：ここでは，ヒントを手がかりに点の情報を線に結んで，線を面に展開して地域をどのように捉えるかをみたの。

ジオ：限られたデータを整理・分析・総合して，自分の考えをいかに導いていくかという考察の過程が大事だね。

2. 位置

グラ：ヨーロッパは，今政治的にも経済的にも一つの地域に統合しようとしているけど，ここでは EU 諸国を中心に，ヨーロッパの自然現象や人文現象についてみてみるね。まずヨーロッパという地名だけど，古代のヨーロッパの概念は，エーゲ海を境に西の方がアッシリア語の「日没」を意味する irib，東の方が「日の出」を意味する asÛ アジア（図Ⅱ-6）。ヨーロッパはこの irib，つまり日没の地からきていて irib が ereb に，そして europe に変化したの。

そして，旧 CIS（独立国家共同体）の加盟国を除くと，ヨーロッパは現在 41 か国（2018 年）で構成されているのよ（表Ⅱ-1）。

グラ：次に，日本とヨーロッパとの位置関係をイギリスとイタリアで比較してみると（図Ⅱ-7），イギリスの北は北緯 61°のシェトランド諸島，南はフランスのコタンタン半島西のチャネル諸島にある北緯 49°のジャージー島で，緯度差は 12°あるの。
一方，イタリアの北はオーストリアとの国境になるツィラタールアルプスで北緯 47°，南はシチリア島南のペラージェ諸島のランペドゥーサという島で北緯 35°で緯度差はイギリスと同じ 12°ね。

ジオ：北緯 35°というと京都市と同じだけど，ヨーロッパでの日本は意外に南の位置なんだね。

グラ：その日本はどうかというと，北は北方四島を入れなければ，宗谷岬の稚内の北緯 46°，南は沖ノ鳥島の 20°で，緯度差は 26°もあるの。

図Ⅱ-6　ヨーロッパ②（マイクロソフト 2001）

表II-1　ヨーロッパ諸国

王国（7）	連邦共和国（28）		公国（4）	その他（2）
イギリス	アイスランド	ドイツ	アンドラ	バチカン
オランダ	アイルランド	ハンガリー	モナコ	ルーマニア
スウェーデン	アルバニア	フィンランド	リヒテンシュタイン	
スペイン	イタリア	フランス	ルクセンブルク	
デンマーク	エストニア	ブルガリア		
ノルウェー	オーストリア	ポーランド		
ベルギー	ギリシア	ボスニア・ヘルツェゴビナ		
	クロアチア	ポルトガル		
	サンマリノ	マケドニア		
	スイス	マルタ		
	スロバキア	モルドバ		
	スロベニア	モンテネグロ		
	セルビア	ラトビア		
	チェコ	リトアニア		

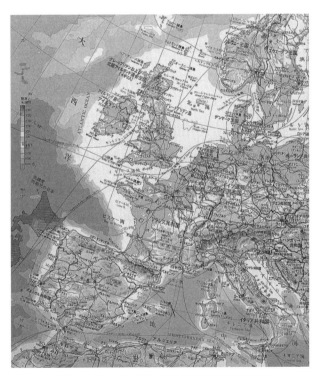

図II-7　ヨーロッパ③（帝国書院編集部 1993）

ジオ：北緯20°というとハワイと同じだよね。

グラ：北緯52°のロンドンは位置的には北海道よりも北で，カムチャツカ半島南端部にあたるけど，イギリスの気温は日本とたいして変わらないのよ。

ジオ：それはなぜ？

グラ：これについては気候のところでふれるね。

3. 自然

a. 地形

グラ：ヨーロッパの自然をまず地形からみてゆくね（図Ⅱ-6）。ジオが『自然の旅』でもふれたように，ヨーロッパの地形は北部・中部・南部に3区分されるよね。北部には安定陸塊と古期造山帯が分布していて，安定陸塊はバルト海沿岸地域に発達するバルト楯状地で，フェノスカンジア楯状地ともいうの。これは，古生代という今から約5億4000万年前〜2億5000年前にヨーロッパの北部が褶曲作用を受けて隆起して，そしてその後の侵食作用によって準平原化したものなの。

また，古期造山帯というのは古生代末の石炭紀から二畳紀（約3億5900万年前〜2億5100万年前）にかけての褶曲作用によって山地が形成されたの。そして，その後の中生代になって海面下にいったん沈降して，その上に石灰岩の地層が堆積するけど，これはチョーク層といって，イギリスやフランスの海岸線（図Ⅱ-8）などでよくみられる白亜紀の石灰岩の白い地層なのよ。

ジオ：白墨のチョークの語源になっているよね。

グラ：ドーバー海峡のイギリスの沿岸（写真Ⅱ-5）やフランスのエトルタ海岸（写真Ⅱ-6）には，こうした石灰岩の地層が分布していて，これは海底で堆積した石灰の地層がその後隆起してできたものね。イギリスのチョーク層は高さ100m前後の白い壁の海岸地帯で，フランスのエトルタ海岸でもチョーク層のしま模様がみられるけど，これは海底で水平堆積をしてその後隆起したもので，海食洞とよばれる波で削られた地形もみられるわね。

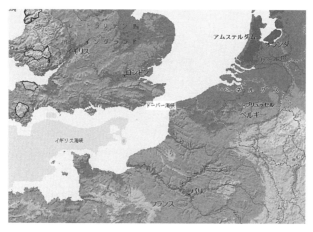

図Ⅱ-8　**ドーバー海峡**（マイクロソフト 2001）

写真Ⅱ-5　ドーバーの白い壁（井内編 1984）　　　　写真Ⅱ-6　エトルタ海岸（高橋編 1983）

グラ：次に古期造山帯の地域では海底で石灰岩の地層の上に砂岩層が堆積するの。その後，新生代になってアルプス造山運動の影響を受けて一部は沈降して北海となり，また一部は隆起して再びスカンジナビアの山地が形成されるの。

このスカンジナビア山脈からイギリス北部のスコットランドにかけての古期の山地をカレドニア山系といって，これは世界で最も古い褶曲山脈ね。

ジオ：侵食されて丘状の低い山地になっているよね。

グラ：次に，ヨーロッパの中部には構造平野と古期造山帯が分布しているの。構造平野はヨーロッパ平原とよばれていて，パリ盆地にはケスタという地形が形成されているよね。また，モレーンとよばれる終堆積の地形が発達していて，これは氷河が運んできた堆積物でできているの。

ジオ：このモレーンの分布で氷河の南限がわかるよね。

グラ：ヨーロッパでは北緯50°付近までで，約2万年前のこの地域の氷河の厚さは1500mに達していたの。だから，この地域より北では2万年前前後には人間の生活の痕跡がないのよ（図Ⅱ-9）。

また，平野には氷河によって侵食された氷食地形や荒地や泥炭地が広がっていて，この荒地のことをドイツではハイデ，イギリスではヒースランドというの。また，泥炭地は湿地帯で草が腐植して黒い粘土層からなる地域なの。

グラ：次に古期の造山帯で，これはバリスカン山系とアルモリカン山系からなるの。バリスカン山系というのは，イングランドのペニン山脈からウエールズ地方，ブルターニュ半島，サントラル（中央）高地にかけての山地ね。

アルモリカン山系は，このサントラル高地からフランスとスイスの国境のジュラ山地，ドイツのシュバルツバルトとチューリンゲンバルト，チェコの北東のエルツと北のズデーデンの各山脈。そして，スペインのメセタ高原ね。

さらに，ヨーロッパの南部には，新期造山帯が分布していて，これは新生代第三紀

図II-9　ヨーロッパ④（マイクロソフト 2001）

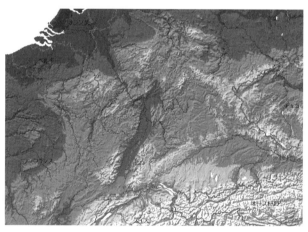

図II-10　ライン地溝帯（マイクロソフト 2001）

のアルプス造山運動によって形成された褶曲山脈ね。

ジオ：アルプス山系とよばれるよね。

グラ：そう。スペインのシェラネバダ山脈からフランスとの国境のピレネー山脈，アルプス山脈からイタリアのアペニン山脈，旧ユーゴスラビアのディナルアルプス山脈からギリシアのピンドス山脈，ルーマニアの北のカルパート山脈から中央のトランシルバニア山脈にかけて分布しているの。

　　　フランスとドイツの河川国境にライン川があるけど，このライン川沿いは地溝帯という断層地形が南北に発達しているよね（図II-10）。この国の手前がフランス，対

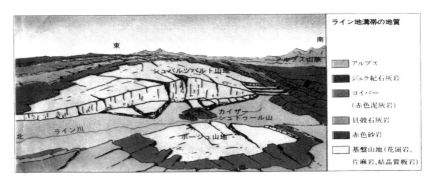

図II-11 ライン地溝帯の地質（浮田編 1984）

岸がドイツで，ボージュ山地とシュバルツバルトは同じ地質で構成されているね（図II-11）。

b. 気候

グラ：次にヨーロッパの気候だけど，ヨーロッパは偏西風と暖流の北大西洋海流の影響で緯度が高いわりには温暖な気候なの。例えば，ロンドンと東京の緯度差は16°あるけど，気温を較べてみると，北緯51°28'のロンドンの夏は18.7度，冬は5.7度で，年平均気温は11.8度。これに対して，北緯35°41'の東京の夏は27.4度，冬は6.1度で，年平均で16.3度なの（2011年）。

ジオ：ロンドンと東京の緯度差が16°のわりには，年平均気温は5度の差しかなくて，特にロンドンと東京の冬の気温をみると，ほとんど変わらないね。

グラ：これはイギリスの沖合を暖流の北大西洋海流が北上しているからなの。また，ロンドンの夏は高緯度のために暑くならずに過ごしやすいのよ。

グラ：次に，ヨーロッパの気候を北部からみてゆくと，まずツンドラ気候でETという記号で表すの。Eは寒帯，Tはツンドラでサーミ語の「木のない平原」を意味して，これはスカンジナビア半島とコラ半島に住むサーミ人の言葉なの。
次に，冷帯湿潤気候でDfで表すけど，Dは冷帯でfは年中降雨fallを意味するの。ところが，スカンジナビアの北部海岸やロフォーテン諸島は北極圏内だけど，冬でも凍結しないのよ。

ジオ：暖流の北大西洋海流が高緯度地域まで流れているからだね。

グラ：そう。次に，中部は西岸海洋性気候（Cfb）だけど，これも北大西洋海流と偏西風の影響で過ごしやすい気候なの。この偏西風は年間の降水量を一定にたもつ働きがあって，東アジアのように，夏は多雨で冬に乾燥するといった降水量の季節差はないのね。
ここはフランス北西部のブルターニュ地方だけど（写真II-7），ジオ，何か気づか

写真Ⅱ-7　ブルターニュの窓なし家
（高橋編 1983）

ない？
ジオ：……。
グラ：この風景で風の吹いている方向がわかるの。ここでは，年間を通じて西風や南西風が吹くために，その方向には窓をつくらないのね。
ジオ：ということは，風は手前から奥に向かって吹いている。
グラ：つまり手前が西の方向で，窓はそれ以外の方向にあるのよ。

◆風車をみれば方角がわかる

グラ：アニメの「フランダースの犬」や「牧場の少女カトリ」でよく風車がでてくるけど，ヨーロッパの気候は風が一つのポイントね。ヨーロッパでは「風車をみれば方角がわかる」といわれていて，風車は西から南西向きで，その方向から偏西風が年中吹いているの（写真Ⅱ-8）。

また，ヨーロッパ南部の気候は地中海性気候（Cs）と温暖湿潤気候（Cfa），ステップ気候（BS）気候からなるの。温暖湿潤気候はイタリア北部からルーマニアにかけて分布して，日本と同じ気候ね。また，ステップ気候の分布するスペインのメセタ高原では半乾燥地帯になっているのよ。

グラ：ヨーロッパ各地の気候の様子をみてゆくと，まずギリシアのクレタ島では，地中海性気候のため冬は低気圧の影響で適度の雨が降るの（写真Ⅱ-9）。夏にはサハラ砂漠を覆っている高気圧が北上するために乾燥して，ブドウやオリーブ，オレンジなどの夏の高温と乾燥に耐える作物が栽培されているのよ（写真Ⅱ-10）。

写真Ⅱ-8　キンダーダイクの風車群（浮田編 1984）

写真Ⅱ-9　ギリシアの冬（澁沢・佐野監1986）

写真Ⅱ-10　ギリシアの夏（澁沢・佐野監1986）

写真Ⅱ-11　ヨークシャーの霧と変形樹
（市川ほか監1983）

写真Ⅱ-12　北フランスの冬（澁沢・佐野監1986）

グラ：イギリスのペニン山脈の東側をヨークシャーというけど，西岸海洋性気候で濃霧が立ちこめたり，また偏西風の風下にあたることから，木の枝が東側に伸びているわね（写真Ⅱ-11）。

　また，北フランスのフランドル地方では，冬木立が雨にけむっているね（写真Ⅱ-12）。西岸海洋性気候の地域では，1年間の気温差が小さくて雨が適度に降ることから，牧草の生育に適しているのよ。

　ノルウェー領のスピッツベルゲン島は北緯78°45'の北極圏内にあるけど，これは6月の風景で夜の10時頃の様子なのよ（写真Ⅱ-13）。

ジオ：……。

グラ：白夜といって，夏になると真夜中でも太陽が沈まなくなるの。逆にノルウェーのオスロやフィンランドのヘルシンキでは12月になると，日の出は午前10時頃で午後3時前には太陽が沈んでしまうのよ。

　また，フィンランドは別名スオミといって，「千湖の国」や「湖沼の国」とされるの。実際には約6万の湖があって国土の11％をしめるの（写真Ⅱ-14）。1万年前までは厚さ3000mを超える厚い氷に覆われていたけど，氷が溶けて大地は年間1.2cm

102　第Ⅱ部　ヨーロッパ

写真Ⅱ-13　ノルウェーの白夜（澁沢・佐野監 1986）

写真Ⅱ-14　森と湖の国フィンランド
　　　　　　（澁沢・佐野監 1986）

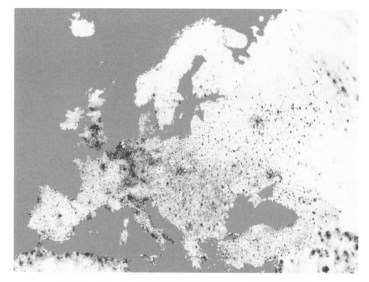

図Ⅱ-12　ヨーロッパの人口分布（マイクロソフト 2001）

　　　　　位の速度で上昇しているのよ。
ジオ：グラフィー，ヨーロッパの地域はなぜ発展したの？
グラ：その要因はヨーロッパの自然で，まず温暖な西岸海洋性気候や地中海性気候，そして広大な平野が発達していて，このヨーロッパ平原が政治・経済活動の中心地となったのね。また，為政者にとっては，山脈という自然的な障害の少ないことが，ヨーロッパを統一する上で大きなメリットだったのよ。

グラ：ヨーロッパ各地の人口の分布をみると，世界の人口の稠密地域つまり人口の集中している地域は北緯30〜50°の温帯の平野部にあるよね。『人の旅』の人口のところでもふれたけど，ヨーロッパでは霧吹きで吹きかけたように人口が分散しているわね（図Ⅱ-12）。
　　　また，ヨーロッパの人びとは世界各地に移住して生活しているけど，気候順化能力

といって，これは気候に適応できる体質のことで，この気候順化能力と移住先とに対応関係がみられるのよ。

ジオ：たとえば？

グラ：北西ヨーロッパの人びとは夏の高温を経験していない。つまり，熱帯気候への適応力に乏しいために，移住先は北アメリカや南アフリカ，オーストラリアの温帯圏に集中しているの。

　　　一方，夏の気温が高くなる地中海沿岸の南ヨーロッパの人びとは，中南米の熱帯や亜熱帯圏に移住しているのよ。

4. 政治と経済

a. 政治

◆塗り替わるヨーロッパの地図

グラ：次に，ヨーロッパのなかでも1990年前後に政治が大きく変化したドイツの状況を中心にみてゆくね。第2次世界大戦の末期の1945年に，旧ソ連のちにウクライナ領になったクリム半島のヤルタだけど（図Ⅱ-13）。

ジオ：2014年にロシアが侵攻して，このクリム半島を実効支配しているよね。

グラ：そのヤルタで締結されたヤルタ協定によって，ドイツは米・英・仏・旧ソ連の4か国に分割占領されて，首都のベルリンは分割管理下におかれるの。

　　一方，旧ソ連の占領下にあった東ヨーロッパとバルカン半島の諸国は，共産党の一党支配下におかれるのね。

　　その後，1947年に米・英・仏の3か国がドイツ占領区の統合と通貨の改革を実施して，49年にドイツ連邦共和国，西ドイツが誕生するの。

　　これに対抗した旧ソ連は，同じ年に占領区にドイツ民主共和国，東ドイツを成立させるのね。そして，1954年に西ドイツはNATO（北大西洋条約機構），東ドイツはWTO（ワルシャワ条約機構）にそれぞれ加盟することになるの。

　　1949～55年のヨーロッパの政治状況をみると（図Ⅱ-14），ワルシャワ条約機構と北大西洋条約機構，そしてワルシャワ条約機構に加盟しない共産主義国の旧ユーゴスラビアに分かれるわね。

ジオ：当時は「鉄のカーテン」といっていたよね。

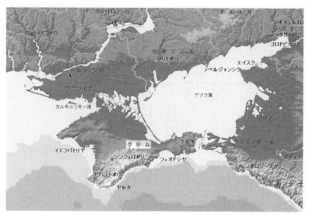

図Ⅱ-13　クリム半島（マイクロソフト2001）

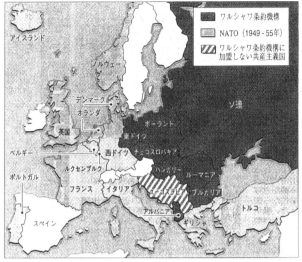

図Ⅱ-14　塗り替わるヨーロッパ地図（中日新聞社 2002）

グラ：そう。ヨーロッパは東西で対立をしていたし，東西のドイツがこれらの二つの機構にそれぞれ加盟することによって，東西ヨーロッパが分裂していたの。1954年以降，東西のドイツは共産主義体制と自由主義体制という異なる道を歩むことになるのね。

　　　こうして，米ソの冷戦が激化するなかで，ベルリンでは1961年8月31日の午前1時に有刺鉄線がはられ，そしてその後にコンクリートの壁が築かれるの。

ジオ：ベルリンの壁だね。

グラ：その後，1980年代以降に米ソの冷戦体制が終結すると，武力によらない新たな統合の動きがでてきて，自由主義や議会制民主主義の政治体制になるのね。この1980年代というのは，旧ソ連や東欧諸国の民主化と自由化運動が相次いだ時期で，その発端になったのが1985年のゴルバチョフの登場ね。彼の「ペレストロイカ（改革）」の推進によってソ連邦は崩壊してゆくのね。

　　　また，1989年には18年間の独裁権力を握っていた東ドイツのホーネッカー政権が退陣を迫られるの。

ジオ：そして11月10日にベルリンの壁が崩壊するんだ。

グラ：さらに，1990年前後にはユーゴスラビアやチェコ・スロバキアの分裂をはじめとして東欧諸国が激変の時代を迎えることになるの。また，ワルシャワ条約機構は，旧ソ連の崩壊と東ヨーロッパの改変のなかで1991年3月31日に解体しているわね。

グラ：ヨーロッパでは，1991年12月のマーストリヒトでの合意に基づいて，93年に6

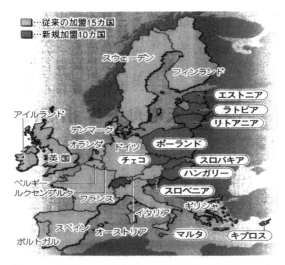

図II-15 拡大EUの新規加盟10か国 (中日新聞社2004)

図II-16 EU加盟28か国 (opti HP2018)

か国でEU（ヨーロッパ連合）が結成されるのね。これは，外交や安全保障政策の共通化，通貨統合の達成を目的とするもので，統一通貨も2002年1月1日にユーロに変わったの。

そして，2004年の5月1日に，ポーランド・チェコ・ハンガリー，そしてバルト3国のリトアニア・エストニアなどを合わせた10か国のEU加盟を正式に決定して，EUは25か国に拡大したの（図II-15）。さらに，2007年にブルガリアとルーマニアが，2013年にクロアチアが加盟して，計28か国になったわね（図II-16）。

EUは結局ドイツの一人勝ちで，他のEU諸国の不満，特に難民や移民の受け入れに対する問題がおきているね。イギリスでは手厚い社会保障があるために，移民や

難民が集中したの。

ジオ：ところが，イギリスは 2016 年に国民投票をして EU からの離脱を決めたけど，その後混乱しているよね。

グラ：このイギリスの EU 離脱や移民・難民受け入れ問題など，EU 諸国や世界に及ぼす影響が今後懸念されるね。

b. 経済

グラ：次に，ヨーロッパの経済をみてみると，1940 年代の後半に旧ソ連の勢力が西ヨーロッパに広がるのをアメリカが恐れて，当時の国務長官だったマーシャルがヨーロッパ経済復興援助計画を実施するの。

ジオ：いわゆるマーシャル・プランだね。

グラ：これを受け入れた西ヨーロッパ 16 か国によって OEEC（ヨーロッパ経済協力機構）が結成されるの。そして 1960 年には，これが OECD（ヨーロッパ経済協力開発機構）に編成されるのよ。

また，1951 年にはフランスの外相だったシューマンの提案によって，ドイツ・フランス・イタリア・ベネルクス 3 国の 6 か国で，ECSC（ヨーロッパ石炭鉄鋼共同体）が結成されるわね。これは，石炭と鉄鋼の生産をヨーロッパ諸国の管理のもとに実施しようとするもので，加盟国間の石炭や鉄鋼の関税の廃止を目的としているのよ。

グラ：次に経済組織についてみると，シューマンの提案によるこの ECSC の結成というのは，究極的にはヨーロッパの経済と政治の統合をめざすもので，EEC（ヨーロッパ経済共同体）の出発点となったの。そして，1958 年にフランス・西ドイツ・イタリア・ベネルクス 3 国で EEC と EURATOM（ヨーロッパ原子力共同体）が発足するの。

この EEC は，同一の関税政策といって域内加盟国間の関税の撤廃と流通の自由化，つまり関税をゼロにするもので，対外的にも関税を共通にすることを目指したの。

グラ：ここでイギリスの経済政策をみてみると，イギリスは低緯度地域の旧植民地を中心とする英連邦諸国のインドやオーストラリアなどから無関税で輸入をしていたよね。ところが，フランスをはじめとする先程の 6 か国が EEC の経済組織を結成したことで，イギリスは「これはまずい」と思ったのね。

ジオ：それでどうしたの？

グラ：1960 年にイギリスを中心とする EFTA（ヨーロッパ自由貿易連合）を結成して，対外関税の自由化を進めるの。そしてその後，1967 年には EEC・EURATOM・ECSC が統合されて EC（ヨーロッパ共同体）が発足すると，イギリスはデンマークとアイルランドを引き連れて 1973 年にこれに加盟するの。

こうしたイギリスの一連の動きをみると，1960 年に EFTA 組を旗揚げして組員を

集めておきながら，EC組という大きな組織ができると，「よらば大樹の影」のようにデンマーク君とアイルランド君をお誘いして，自分の組の組員の一部をつれて大きな傘下に入る。

ジオ：こういうタイプいるよね。「長いものに巻かれろ」というタイプ。こうした人間関係や国際関係はいずこも同じだね。

グラ：ところが，そのイギリスが今EUを離れようとしている。

ジオ：……。

グラ：また，EUの財政危機が今問題となっていて，ポルトガル，アイルランド，イタリア，ギリシア，スペインの頭文字をとったPIIGSというのは債務残高が多い国で，EUとIMFが2010年にアイルランドの救済を決めた後もギリシアやイタリア，ポルトガル，スペインの地中海沿岸諸国の債務が急速に膨らんでいるの（図Ⅱ-17・18）。

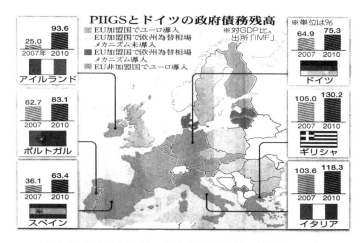

図Ⅱ-17　PIIGSとドイツの政府債務残高（中日新聞社 2011）

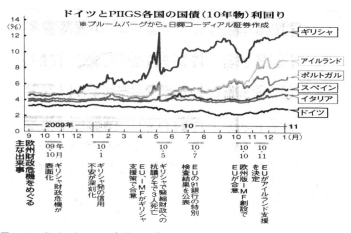

図Ⅱ-18　ドイツとPIIGS各国の国債（10年物）利回り（中日新聞社 2011）

イタリアは EU4 番目の経済国（2017 年）だけど，財政赤字で国債の利回りが上昇して価格は下落したの。そのために，ベルルスコーニ首相の退陣要求が出されて，モンティが首相になったけど 2013 年に辞任して，レンツィにかわり，さらに 16 年にはジェンティローニが新首相になるというように，政治と経済状況が混沌としているのよ。

ジオ：こうした影響がヨーロッパ全域に拡大していて，経済の南北問題が生じているんだ。

5. 文化

グラ：次にヨーロッパの人種と民族，宗教をみてみると，人種は白色人種のインド＝ヨーロッパ人種で，民族はゲルマン民族とラテン民族からなっているの。ゲルマン民族は主に新教を信仰するプロテスタントで，ラテン民族は旧教・カトリック教徒が多いわね。また，東ヨーロッパはスラブ民族からなっていてギリシア正教を信仰しているの。これは一般的には東方正教といっているけど，各国や各地方でのよび名があるわね（図Ⅱ-19）。

さらに『人の旅』でもふれたけど，人種島といって，ヨーロッパ人種のなかにはアジア人種が島のように分布している地域があるの。北欧では，フィンランドのフィン人とラップランドのラップ人はアジア人種。コーカソイドのなかにモンゴロイドが人種島を形成しているし，東欧のハンガリーのマジャール人も同じくアジア人種なの。

グラ：次に世界の言語分布をみると（図Ⅱ-20），ここでは世界の言語を20に分けてあるけど，このうちインド・ヨーロッパ諸語がユーラシアと新大陸を中心に世界の広範な地域で使用されているわね。このインド・ヨーロッパ諸語は，ラテン語群とゲルマン語群，スラブ語群の大きく三つに分かれるの。

ジオ：グラフィー，言語とそれを使用する民族との関係は？

グラ：民族を区分する基準としてもっとも重要なのがこの言語なのね。ラテン民族とゲルマン民族，スラブ民族は，いずれもこのインド・ヨーロッパ諸語に属しているのよ。

ジオ：具体的には？

グラ：まずラテン語群で，これにはイタリア語やスペイン語，ポルトガル語，フランス語

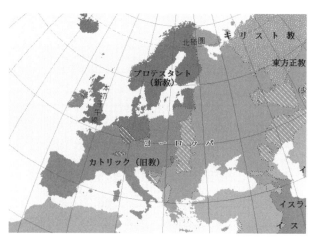

図Ⅱ-19　宗教の分布（マイクロソフト 2001）

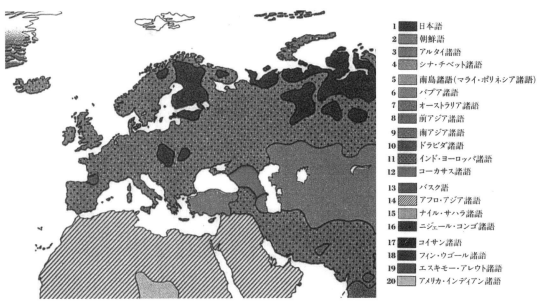

図II-20　世界言語マップ（川田編 1984，一部を拡大）

があって，これらは古代ラテン語が分化したものなの。ルーマニア語だけど，国名をRomaniaと書くようにこれもラテン語群に入るのよ。

次に，ゲルマン語群は北部と西部とに分かれるの。北部ゲルマン語にはデンマーク語・スウェーデン語・ノルウェー語・アイスランド語，西部ゲルマン語には英語・ドイツ語・オランダ語があるわね。

ジオ：英語はアングロサクソン人が大陸からグレートブリテン島に移住してから発達したものだよね。

グラ：そうね。また，ゲルマン語系の小数言語としてケルト語群があって，これにはアイルランドで使用されているゲール語とフランスのブルターニュ地方のブルトン語があるの。こうしたインド・ヨーロッパ諸語の拡大に対して，生き残った少数の言語があって，独自に発展したものもあるのよ。その一つはバスク語で，スペイン北東部のピレネー山中のバスク人が使用しているのよ（図II-20）。それから，フィン・ウゴール諸語で，これは主にフィンランドで使用されている言語なの。

さらに，スラブ語群は5～6世紀のスラブ民族の大移動の頃に分化が進んで，使用される地域によって東・西・南の三つの地域に細分されるの。東スラブ語群にはロシア語，ウクライナ語，ベラルーシ語，西スラブ語群にはチェック語，スロバキア語，ポーランド語，南スラブ語群にはクロアチア語，スロベニア語，ブルガリア語，マケドニア語があるわね。

6. 産業

a. 農業

グラ：次に，ヨーロッパの産業を，まず農業の発達からみてゆくと，その基礎となったのは三圃式農業とよばれるもので，圃は田んぼの「ほ」で畑や土地のことなの。

ジオ：これは，中世のヨーロッパで広くおこなわれていた農業だね。

グラ：主にアジアでみられる水田というのは，永久連作できる肥沃な土壌をつくるけど，畑で作物をつくると，2年目には収穫量が減って，3年目にはダメになるの。だから，3年目に土地を休ませて，地力つまり土の力を回復させないと作物が育たなくなるの。

そこで，土地を三つに分けて，3年に1回ずつ「S」夏作物の土地，「W」冬作物の土地，そして「B」（break）休閑地を組み合わせる方法が取り入れられたの（図Ⅱ-21）。14世紀以降になると，この休閑地に牧草や飼料作物を栽培する輪作形態が導入されるのよ。

ドイツの農村の土地利用の様子をみると，集落を中心として反時計回りに7年輪作をしているわね。6・7年目は1年生・2年生のクローバーと野生の牧草で土地を休ませるのね（図Ⅱ-22）。この休閑地に牛を放牧して，その排泄物を草とともに鋤き込んで地力を回復させるの。

ジオ：その草はマメ科の植物だよね。

グラ：ここではクローバーだけど，このマメ科植物の根の根粒菌を利用して地力を回復させるの。この根粒菌というのは，空気中の窒素を固定して窒素化合物をつくる働き

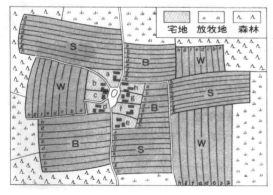

図Ⅱ-21　ドイツ南西部の農村の土地利用
（山本ほか 1992）

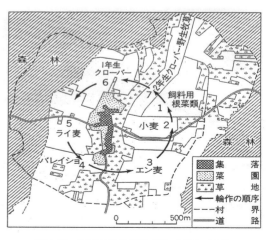

図Ⅱ-22　三圃式農業の模式図（田辺 1983）

があって，植物が成長するための栄養素なのね。
ジオ：窒素・リン酸・カリの一つだね。
グラ：そして，ヨーロッパの農業は，その後の航海技術の発達によって，新大陸から安い穀物が輸入されるようになると，有畜農業に発展するのね。さらに，土地利用の集約化や商品作物化が進んで農業が分化して，現在のような酪農，混合農業，園芸農業，地中海式農業の四つに分かれるの。

まず一つ目の酪農からみてゆくと，これは市場との距離によって製品の地域区分がされているのね。つまり，大都市の近郊では生乳，遠隔地になるとバターやチーズなどの加工した酪製品が市場に供給されるの。

北海周辺のデンマークやオランダ，ベルギー，さらにバルト海周辺地域が，この酪農地帯なの（写真Ⅱ-15）。デンマークは1864年のデンマーク戦争に敗れて，ユトランド半島南部のシュレスヴィッヒ＝ホルシュタイン州を失うことになるの。その後，荒れ地の開拓や土地改良を進めて，酪農を中心とする農業を発展させたのよ（写真Ⅱ-16）。

グラ：また，フランス北部からベルギーにかけての地域をフランドル地方（図Ⅱ-23）というけど，ここがネロとパトラッシュのあの「フランダースの犬」の舞台なの。
ジオ：チルチルとミチルの「青い鳥」の舞台にもなったよね。
グラ：「フランダースの犬」は，日本では大正時代から童話として読まれていたの。主人公はネロという少年だけど，アニメで主人公が最後に死んでしまうのはめずらしいよね。

この「フランダースの犬」は1975年にテレビで放映化されて，その10年後にはベルギーのアントワープ（アントウェルペン・アンベルス）郊外のホーボーケンにネロとパトラッシュの銅像が建てられたの。パトラッシュは，ブービエ・デ・フランダースという犬種で，イヌの種類や地域の英語表記がアニメのタイトルになっているわね。

「フランダースの犬」では，都市の近郊の牧牛の様子と生乳を都市に供給するホーボーケンという酪農の村の様子，そしてアントワープの町の様子が描かれているわ

写真Ⅱ-15　オランダの酪農地帯

写真Ⅱ-16　ユトランド半島の酪農（澁沢・佐野 1986）

114　第Ⅱ部　ヨーロッパ

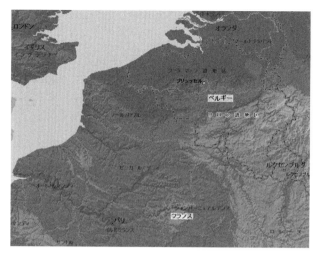

図Ⅱ-23　フランドル地方（マイクロソフト 2001）

　　　ね。町の中心部に教会と広場があって，その周辺に民家というヨーロッパの典型的な集落の様子なの。
ジオ：ヨーロッパの都市の多くは，教会を中心として形成されていることがわかるね。

◆ハイジが住んでいたのはどこ？

グラ：また，スイスでは移牧による酪農がおこなわれているの。
ジオ：移牧というのは？
グラ：人と家畜が垂直的に移動する農業で，住居は移動しない牧畜形態なの。これに対して，人と家畜と住居が水平的に移動する牧畜形態は遊牧というの。
　　　アルプスの模式的な土地利用の状況をみると（図Ⅱ-24），氷河の侵食を受けたU字谷があって，冬はこの谷底の本村でウシやヒツジ，ヤギの舎飼いといって，家畜小屋で飼うのよ。初夏になると，山の中腹の夏村まで家畜とともに垂直的に移動して，そこを基地に放牧するの。
ジオ：アルム（アルプ）というのは？
グラ：広葉樹や針葉樹の森林限界線から雪線までの間にある高地の放牧地のことなの（写真Ⅱ-17）。初夏に標高 2000m 前後の山地の斜面でウシやヒツジ，ヤギを放牧して，秋になると山から下ろして本村で舎飼いをするの。
　　　テーマを「ハイジが住んでいたのはどこ？」としたけど，「アルプスの少女ハイジ」は，幼くして両親をなくしたハイジが，5歳からアルムのおんじのもとで生きてゆくという物語なの。ハイジがいたのはこのあたりのアルムね（写真Ⅱ-18）。ハイジのテーマ曲に「おしえてアルムのもみの木」とあるけど，この針葉樹の林がモミの木ね。またシャーレとよばれる小屋があって，アニメではこのアルムでの生活の様子が描かれているわね。「ハイジ」は 1974 年から日本で放映されたけど，アニメの舞台

6. 産業　115

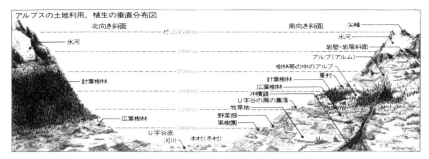

図Ⅱ-24　アルプスの土地利用（前島編 1984）

写真Ⅱ-17　アルプスの移牧（市川ほか 1986）

写真Ⅱ-18　夏のプチ・サンベルナール峠
（竹内編 1984）

　　　　はスイスの南東部のグラウビュンデン州にあるマイエンフェルトというリヒテンシュタインに近いところなの。友達のクララの住んでいたのはドイツのフランクフルトで、ハイジも一時期クララのところにいたことがあるのよ。
ジオ：このアニメを地理学的にみると？
グラ：アルムの様子や樹木と牧草との間の森林限界、シャーレという山小屋、そしてU字谷にある冬村（本村）などが描かれているわね。

グラ：次に二つ目の混合農業ね。これを mix farming といっているけど、これは穀物特に麦類と飼料作物を栽培して、さらに家畜を商品化する農業なの。
　　　この混合農業は、主にドイツ南部やフランス東部、そして東ヨーロッパで発達した農業なのね。ドイツの混合農業地域の様子をみると（写真Ⅱ-19）、集落が塊状になっていて、その周辺に農牧地がひろがっているわね。穀物や飼料作物の栽培、そして牧草を利用した牧畜の状況がみられるの。

グラ：またパリ盆地の混合農業地域では、コムギを大型のコンバインで刈り取ってトラッ

写真Ⅱ-19　ドイツの混合農業（澁沢・佐野監 1986）

写真Ⅱ-20　パリ盆地の小麦の収穫（澁沢・佐野監 1986）

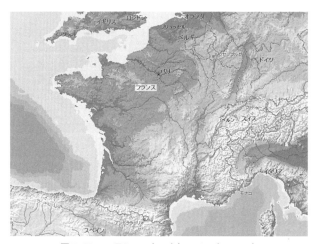
図Ⅱ-25　フランス（マイクロソフト 2001）

クで運んでいるわね（写真Ⅱ-20）。大型の農業機械を一人で有効に利用して労働生産性が高くて、フランスの穀類の自給率は176％（2011年）なのよ。

フランスでは地域によって農業のあり方が違っていて（図Ⅱ-25）、東部のアルザス地方では混合農業、北西部のノルマンディー地方から北部のフランドル地方では酪農や園芸農業、北東部のシャンパーニュや中部のブルゴーニュ、南西部のメドックの各地方ではブドウの栽培、南部の地中海地方ではオリーブと一部でイネが栽培されているの。ブドウは他の地中海沿岸地域でも栽培されているけど、このフランスとドイツのブドウ栽培は独特なものね。

フランスのシャンパーニュ地方は一面ブドウ畑で（写真Ⅱ-21）、日本のようにブドウ棚での栽培ではなくて、ブドウの木は背丈よりも小さいのよ。ブドウの品種が違っていて、ここではすっぱいブドウが栽培されているわね。

ジオ：ブドウ酒やワイン、シャンパン、ブランデー用のブドウは、荒れた土地で育った酸味のあるブドウの方が適しているよね。

グラ：ライン川とその支流の流域はドイツの温室とよばれていて、ブドウの栽培に適して

6. 産業　117

写真Ⅱ-21　ブドウの収穫（高橋編 1983）

写真Ⅱ-22　ブドウの栽培（澁沢・佐野監 1986）

写真Ⅱ-23　モーゼル川のほとりのブドウ園
　　　　　　（浮田編 1984）

　　　いるの（写真Ⅱ-22）。ライン川支流のモーゼル川では，集落の中央に教会があって，背後のやせ地を利用してブドウが栽培されているわね（写真Ⅱ-23）。

グラ：さらに三つ目の園芸農業だけど，これは新鮮な野菜や果物，草花を市場に供給する農業で，労働生産性や土地生産性の高い集約的な農業なの。大都市周辺では近郊農業が，遠隔地では遠郊農業が営まれて，促成栽培や抑制栽培がおこなわれているの。

グラ：ジオ，これは何だと思う（写真Ⅱ-24）？
ジオ：えっ？
グラ：オランダのチューリップ畑で，機械で花を刈り取っているところなの。チューリップは，ヨーロッパでは球根の出荷が目的で，花が咲くとそこに栄養がいくために，蕾のうちに刈り取って球根を育てて出荷するのよ。摘みとった花びらは香水等に利用されているわね。球根を専門に販売している店もあるの（写真Ⅱ-25）。
ジオ：オランダでは，日本のように花を観賞する目的で栽培されているわけではないんだ。
グラ：オランダの政治の中心地はハーグだけど，その南に砂丘地帯があってウエストラン

写真Ⅱ-24 チューリップの栽培畑（浮田編 1984）

写真Ⅱ-25 チューリップの球根専門店

写真Ⅱ-26 オランダのガラスの町（澁沢・佐野監 1986）

　　　　ドというの。ここは「ガラスの町」とよばれていて，花や野菜をガラスの温室で栽培しているのよ（写真Ⅱ-26）。この砂丘のカルシウム分に富んだ土が，花や野菜の栽培に適しているのね。

グラ：最後に，ヨーロッパの農業の四つ目として地中海式農業があって，樹木作物の栽培とヒツジやヤギなどの家畜の飼育を主としているの。この樹木作物というのは，夏の乾燥に強くて葉の硬い硬葉樹で，オリーブやコルクガシ，月桂樹などね。
　　　スペインのマドリードの南部にラマンチャ地方があるよね。
ジオ：セルバンテスの「ドン＝キホーテ」の舞台だね。
グラ：そう。この地域は地中海性気候で，夏乾燥するためにオリーブやブドウ，オレンジなどが栽培されているの（写真Ⅱ-27）。また，牧草が充分に育たないために，粗末な飼料でも耐えられるヒツジやヤギを飼育しているのよ。
ジオ：ヨーロッパにはコメの料理があるよね。

写真Ⅱ-27 スペインのオリーブ畑（澁沢・佐野監 1986）　　写真Ⅱ-28 ポー川流域のイネの収穫
（市川ほか監 1986）

グラ：コメはイタリアのリゾットやアランチーニ（ライスコロッケ），スペインのパエリアなどに利用されるわね。スペインのバレンシアやフランスのカマルグ地方などの地中海沿岸地域で栽培されているの。イタリアのポー川流域では，生育条件に恵まれた適地適作でイネが栽培されていて，大型のコンバインで収穫されているのよ（写真Ⅱ-28）。

b. 鉱工業

グラ：次に鉱工業だけど，ここではイギリス，ドイツ，イタリア，スウェーデンの状況をみてゆくね。
　　　イギリスは，1846年の穀物条令の廃止によって農業国から工業国への道を歩むことになるのよ。この穀物条例の廃止というのは，農業従事者への援助を廃止して，農業を捨てて工業に重点を置くというものなの。特に力を入れたのが繊維工業と鉱工業ね。イギリスでは，南北に走るペニン山脈の東西で繊維工業の違いがみられるのよ。

ジオ：それはなぜ？

グラ：気候と地形のところでもふれたけど，偏西風と暖流の北大西洋海流の影響で降水量に東西差が生じているの。つまり，ペニン山脈西側の雨や雪の降る湿潤なランカシャー地方では綿工業が，一方東側の乾燥したヨークシャー地方では羊毛工業が発達したの（図Ⅱ-26）。

グラ：羊毛工業の中心というと，以前はフランドル地方（図Ⅱ-23）で，ここでは中世以来羊毛工業が発達していて，ヒツジの飼育をして毛織物として製品化していたの。一方，イギリスのヨークシャーではスペインのメセタ高原から原毛を購入して製品化していたのよ。
　　　ところが，このフランドル地方で1338～1453年にかけて，いわゆる100年戦

120 第Ⅱ部 ヨーロッパ

図Ⅱ-26 イギリス（マイクロソフト 2001）

写真Ⅱ-29 ヨークシャー地方の炭鉱（井内編 1984）

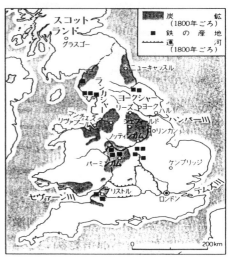

図Ⅱ-27 産業革命時代のイギリス
（村川ほか 1992）

　　　争が起きてその戦場となったの。そのために，羊毛工業の中心地がこのフランドル地方から現在のヨークシャーに移動して，その後フランドル地方の農業は牧羊から酪農に変わったの。

グラ：イギリスで発達したのが鉱工業だったけど，その燃料となったのが石炭で，イギリスの石炭産業の歴史は古くて 19 世紀初めから 20 世紀初めまでヨーロッパ最大の石炭国だったの。
　　　ヨークシャー地方ではカージフ炭という古生代の石炭紀の地層から無煙炭の良質の石炭が産出されたのよ。ここでは露天掘りで石炭が採掘されていて，この石炭を利用した火力発電所が隣接しているの（写真Ⅱ-29）。

写真Ⅱ-30　北海油田（渋沢・佐野監 1986）　　　図Ⅱ-28　北海（二宮書店編集部 2010）

　　産業革命時代のイギリスの炭坑と鉄の産地，そして運河の分布をみると（図Ⅱ-27），炭鉱と鉄鉱石の産地が近接しているよね。しかも，内陸水路網つまり河川とそれを結ぶ運河が発達していて，これが主要な輸送路になっていたの。
　　このように，ペニン山脈は古期の造山帯で，鉄鉱石や石炭などの地下資源に恵まれていたの。この原料と燃料の産地が隣接していることが近代的な製鉄化を促したのよ。

ジオ：だから産業革命を可能にしたんだ。

グラ：また，イギリスの中部では，石炭の産地の炭田と鉄山が港に近いという特色があったの。さらに，中南部では運河が発達していて，船で一度に大量の鉱産資源と鉄製品を輸送することができたの。
　　ところが，イギリスでは早い時期から良質の石炭層を掘りつくしたために老朽化が進んで，その後石炭産業が斜陽化して，現在では国営による生産となっているのよ。それから，油田の開発も盛んで北海油田（写真Ⅱ-30）での採油が進んでいるの。イギリスのエコフィクスやフォーティーズ，ブレントの各油田，ノルウェーのスタットフィヨルド油田があるわね（図Ⅱ-28）。そして，採油された原油は海底のパイプラインでそれぞれ本土に送油されているの。

グラ：次にドイツだけど，この国の工業の発展を促した要因の一つは石炭資源なの。量的にも質的にもすぐれていて，ドイツには 32 層の石炭層があって，しかも無煙炭や瀝青炭といった良質の石炭が露天掘りで採掘できたのよ。その中心がウエストファーレン地域（図Ⅱ-29）で，ジオ，この石炭資源をもとに発達した工業地域というと？

ジオ：ルールだね。

グラ：ここでは，ルール炭田の石炭と周辺諸国から輸入した鉄鉱石で製鉄業が発達したの。

122 第Ⅱ部 ヨーロッパ

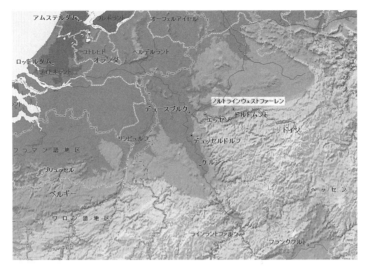

図Ⅱ-29 ウエストファーレン地域（マイクロソフト 2001）

写真Ⅱ-31 ルール工業地帯（澁沢・佐野監 1986）

そして，ライン川や運河などの水上交通を利用して，工業が発展してきたのね（写真Ⅱ-31）。従来の中心地は炭田立地だったエッセンとドルトムントで，それがその後ライン川を利用した交通立地のデュッセルドルフやデュイスブルクに移動したの。そして，これらの工業都市が連接都市域あるいは連合都市とよばれるコナーベーションを形成してきたよね。

こうしたルール地域の発展は，石炭産業の斜陽化にともなって鈍化して，その後新たな産業の開発に取り組んでいるのよ。

◆工業のトライアングル

グラ：次にイタリアをみてみると，北部地域の気候は温暖湿潤気候(Cfa)で日本と同じね。

図II-30　イタリア（マイクロソフト 2001）

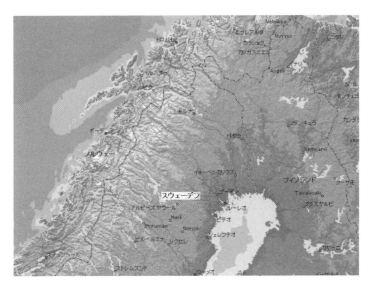

図II-31　スウェーデン北部（マイクロソフト 2001）

　　ポー川流域の平野をパダノベネタというけど，ここにイタリアの人口が集中しているのよ。
　　イタリアの北部の工業地帯はミラノ，トリノ，ジェノバの三大都市に囲まれた地域で（図II-30），「工業のトライアングル」とよばれているの。なかでも，2006年に冬季オリンピック・パラリンピックの開催されたトリノは，世界的な自動車工業都市としても有名だよね。
ジオ：民間資本のフィアットと国家資本のアルファロメオで知られるね。

124 第Ⅱ部　ヨーロッパ

グラ：次にスウェーデンでは，古期造山帯のスカンジナビア山脈の地下資源によって鉄鋼
業が発達していて，北部にはキルナ，エリバレ，ダンネモラといった工業都市が形
成されているのよ（図Ⅱ-31）。
　　　スウェーデンでは鉄鉱石の積出港は季節によって違って，夏はボスニア湾のルーレ
オから，冬はノルウェーのナルビクからなの。

ジオ：それはなぜ？

グラ：冬にボスニア湾が凍結するからなの。一方ノルウェーでの港は，大西洋を北上する
暖流の北大西洋海流のため不凍港になるの。だから，冬はスウェーデンのキルナ，
エリバレ，ダンネモラの鉄山の鉄鉱石をノルウェーのナルビクまで鉄道で運んでド
イツやフランスに輸出しているのよ。

7. 開発

グラ：ところで，こうしたヨーロッパだけど，全域が必ずしも資源に恵まれている地域ばかりではないのよ。ここでは，オランダの農業地域の拡大とイタリアの経済水準の低い地域の開発についてみてゆくね。

オランダの正式名称は Nederland「低地の国」で，オランダのよび名はホラント州（Holland）「凹んだ土地」からきているのよ（図Ⅱ-32）。ポルトガル人が日本に伝えた時にポルトガル語読みでHを発音しない「オランダ」として伝えられたのね。オランダの国土の約7割が低地で，南端部のドイツ・ベルギーとの国境にファールス（ファールセルベルク）山というのがあるけど，標高は323mしかないのよ。オランダでは，国土の1/4がポルダーとよばれる干拓地になっていて（写真Ⅱ-32），このポルダーの広さは九州や台湾とほぼ同じね。

地下水位が高くて湿っているために畑には向かず，牧草地として利用されているの（写真Ⅱ-33）。また，集落は道路沿いに立地していて路村を形成しているわね。

ジオ：湿地帯に土地が浮いているという感じだね。

グラ：ポルダーの干拓事業は5世紀頃から始まったの。当時は，引き潮の時に土手を築いて囲んで，埋め立てていったのよ。9〜13世紀になると堤防が建設されて，1200年頃から干拓地が造成されてゆくの。

ジオ：オランダでは堤防のことをダムというよね。

グラ：アムステルダムはアムステル川の堤防，ロッテルダムはロッテ川の堤防という意味ね。

図Ⅱ-32　オランダ（マイクロソフト2001）

126　第Ⅱ部　ヨーロッパ

写真Ⅱ-32　オランダのポルダー（澁沢・佐野監 1986）

写真Ⅱ-33　ザーンダム付近の低湿地帯
（浮田編 1984）

写真Ⅱ-34　キーンダイクの風車群（浮田編 1984）

写真Ⅱ-35　アイセル湖の締切堤防
（浮田編 1984）

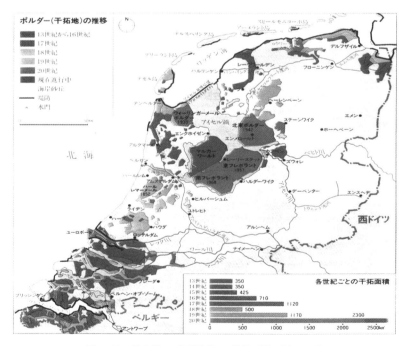

図Ⅱ-33　ポルダー（干拓地）の推移（浮田編 1984）

グラ：16〜17世紀の初期になると，風車をつかって干拓地の水の排水が始められたの（写真Ⅱ-34）。そして，19世紀になると蒸気ポンプによる排水が可能となって，干拓地が拡大してゆくのよ。各世紀の干拓面積をみると（図Ⅱ-33），特に20世紀に拡大しているわね。そして20世紀には，ゾイデル海にアクスライトダムを建設してアイセル湖ができたの。

ジオ：ポルダーの推移をみると干拓地が徐々に拡大しているのがよくわかるね。

グラ：アクスライトダムの内側のアイセル湖が徐々に埋め立てられているのよ（写真Ⅱ-35）。

また，このオランダの干拓技術は世界でもトップで，秋田県の八郎潟の干拓はこのオランダの技術で進められたの。

◆長靴の国の格差

グラ：イタリアでは，北部地域の生活水準の高さに対して南部は貧困地域だったの。

ジオ：なぜ？

グラ：南部地域には石油や石炭といったエネルギー資源がないの。つまり，アペニン山脈が新期造山帯のため石炭や鉄鉱石などの工業資源に乏しいのよ。

しかも，地中海性気候で夏は乾燥するために水不足となって土壌はやせて，草原地帯となるの（写真Ⅱ-36）。さらに，資本不足のために農業の発展もみられないのね。こうした南北格差を是正するために，南部開発計画として1955〜64年にかけて，イタリア南部の開拓を目指したバノーニ計画が進められたの。

ジオ：バノーニ？

グラ：当時の財務大臣の名前からきているのよ。

この計画の目的は三つで，農業の開発と工業化，そして交通網の整備なの。二つ目

写真Ⅱ-36　荒涼としたシチリア内陸部地帯（竹内編 1984）

図Ⅱ-34　イタリア南部（マイクロソフト 2001）

写真Ⅱ-37　アウトストラーダ（竹内編 1984）

の工業化はターラントでの製鉄で，イタリアの国土はよく長靴の形にたとえられるけど（図Ⅱ-34），そのかかとの部分にあたるターラントで製鉄工業を発展させるというものなの。また，旧植民地のリビアのゼルテン油田やダフラ油田からシチリア島に石油を輸入して，ここにコンビナートを建設するという計画が進められたの。そして，計画の三つ目は交通網の整備で，「アウトストラーダ（太陽の道）」（写真Ⅱ-37）とよばれる高速道路の建設なの。中欧や北欧の人びとを，高速道路でイタリア南部によびこもうというものね。イタリアの市街地では高速料金は無料で，郊外に出ると課金されるのよ。それでもイタリアの高速料金は安くて，この高速道路によってヨーロッパ各地からイタリア南部に人びとをよびこんで，観光地化しようという計画なのね。

8. 交通

グラ：次に交通についてみると，ヨーロッパでは比較的平坦な地形が広く分布しているので，中部地域を中心として陸上交通がよく発達しているわね。まず鉄道だけど，EUの統合によって国境を越えて人びとの往来が自由になって，国際的な鉄道網の整備が進んでいるね。

ジオ：ヨーロッパの首都を中心として鉄道が網の目のように広がっているよね（図Ⅱ-35）。

グラ：この鉄道の開発によって近代的な交通が発達するけど，そのさきがけとなったのが，1825年にイギリスのストックトンとダーリントンの間に開通した最初の鉄道で，以来鉄道網がヨーロッパ各地に張り巡らされてゆくの。

さらに，TEE（trance european express －ヨーロッパ横断特急）やフランスのTGV（Train a Gran de Vitesse －超高速列車），Eurostar（ユーロスター）などの特急列車の開発によって，ヨーロッパ各地を自由に往来できるようになったわね。

ジオ：ドーバー海峡は以前船で渡っていたよね。

グラ：1994年の英仏海峡（ユーロ）トンネルの開通によって，イギリスとヨーロッパ各地とが高速鉄道網で結ばれたの。こうした人びとの自由な往来は，EUの統合によってさらに促進されていて，ヨーロッパでは「レールの上をお金が縦横無尽に走る」とまでいわれているのよ。

ドーバー海峡を結ぶユーロトンネルは，イギリスのフォークストン郊外のチェリ

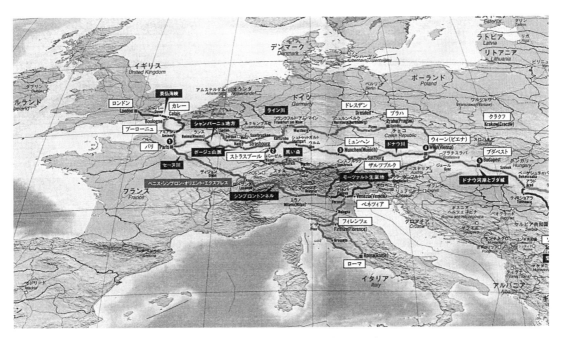

図Ⅱ-35　ヨーロッパの鉄道（岩瀬編2010）

130　第Ⅱ部　ヨーロッパ

写真Ⅱ-38　ドーバー海峡を結ぶトンネル（澁沢・佐野監 1986）

写真Ⅱ-39　ユーロスター

写真Ⅱ-40　ウォータールー駅

　　　　ントンとフランスのカレー郊外のフレタンを結んで1994年に開通したの（写真Ⅱ-38）。
　　　　これは，ユーロスター（写真Ⅱ-39）とロンドンのウォータールー（セント・パンクラス）駅で（写真Ⅱ-40），ロンドン—パリ間を約3時間で結ぶのよ。
グラ：道路網としては，高速自動車専用道路が発達していて，ドイツのアウトバーンやフランスのオートルート，イギリスのモーターウェイ，イタリアのアウトストラーダといった高速道路網があるわね。
ジオ：ドイツのアウトバーンでは約半分の区間が速度制限なしだよね。
グラ：……。

グラ：ヨーロッパの平坦な地形を流れる河川を利用して内陸水路交通も発達しているのよ。各地が河川と運河で結ばれていて（図Ⅱ-36），ライン川とドナウ川は2か国以上を流れる国際河川になっているの。
　　　ライン川の支流にマイン川があって，マイン＝ドナウ運河でドナウ川と結ばれているわね。ドナウ川はオーストリアのウィーン，ハンガリーのブダペスト，セルビア＝モンテネグロのベオグラードといった各国の首都を流れているの。

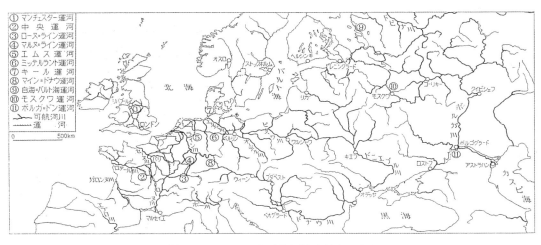

図II-36 ヨーロッパの運河（山本ほか 1992）

写真II-41 ライン峡谷（澁沢・佐野 1986）

グラ：ラインは「流れ」という意味だけど，ドイツのローレライという峡谷を流れるライン川（写真II-41）は，内陸水路交通として重要な役割を果たしているの。

ジオ：道路が河岸のそばを通っているね。

グラ：河川の勾配が緩やかで，流量の変化が小さいからなの。

◆海を渡る列車

グラ：デンマークのユトランド半島とシェラン島を結ぶフェリーがあって，以前は列車を運んでいたの（写真II-42）。船のデッキにレールがあって，半島と島のフェリーターミナルのレールにつながっていたのよ（写真II-43）。今はグレートベルト・リンクという橋で結ばれているわね。

写真II-42 列車を運ぶフェリー

写真II-43 フェリーターミナル

9. 環境

グラ：次にヨーロッパの環境問題をとりあげるね。ライン川は，以前は「美し水ライン」といわれて，美しい川の流れだったの。ところが，1969年以降はヨーロッパ最大のドブ川になってしまったのよ。
　　　ライン川はアルプスを水源として，ボーデン湖に注いだあと北流して北海に注ぐけど，汚染箇所はこのボーデン湖より下流地域の全てに及んでいて（図Ⅱ-37），これは1960年代に始まる工業化と都市化のためなの。
　　　ライン川は自浄作用が強くて汚染された水でも50kmいくと濁りはとれるの。

ジオ：でも水質の浄化はできないよね。

グラ：そのため，サケやウナギなどが遡上できずに水揚げ量が激減しているのよ。

グラ：ドイツでは，年間に1億トンの都市下水や産業排水がライン川を通して北海に流れこむの。また，ロンドンでは約1000万人の生活排水や工業排水がテムズ川から北海に流れこんで，北海では漁獲量が減少しているわね。さらに，地中海では沿岸の約1億2000万人の生活排水や工業排水が流れこんでいるのよ。
　　　こうした環境汚染に対する対策として，ECは河川や海洋の汚染を食い止めることを目的として，1975年に水質改善行動計画を採択して，88年には排水処理の統一指針作成を採択したの。ところが，実際には目的の半分の水質の改善しかなされていないのよ。
　　　経済的に豊かな地域の弊害として，こうした環境汚染が，EUの経済問題とともに今ヨーロッパで深刻な問題となっているの。

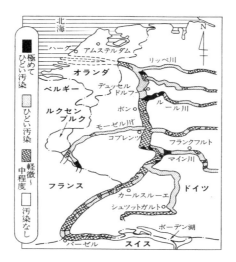

図Ⅱ-37　ライン川の汚染状況（地理教育研究会編 1994）

10. 大学と教育

グラ：世界の大学進学率をみると（図Ⅱ-38），平均で62％（2015年）。ちなみに日本は51％ね。

大学での教育をまずイギリスの事例でみると，高校は12～18歳までなんだけど，義務教育は16歳で終了して高校卒の3割弱が就職するの。18歳まで残ると大学の受験資格が与えられるのよ。

高校生は志望大学を6校選んで順位をつけて届け出ると，どこかの大学で希望する学問を学ぶことができるの。

ジオ：イギリスではどの大学で学ぶかではなくて，何を学ぶかが重要視されているんだ。

グラ：ただ，オックスフォード大学（写真Ⅱ-44）やケンブリッジ大学（写真Ⅱ-45）などの名門私立は別ね。オックスフォードとケンブリッジの起源は12～13世紀とされていて，両大学はいくつかのカレッジ（単科大学）が集まったユニバーシティ（総合大学）なの。

両都市は観光地にもなっていて，ケンブリッジではボートで大学周辺を遊覧できるの（写真Ⅱ-46）。ケンブリッジという地名は「ケム川にかかる橋」という意味なのよ。

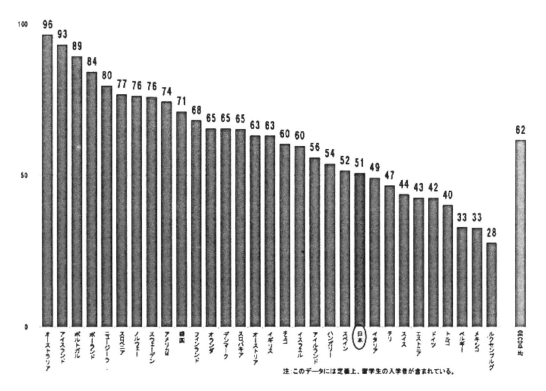

図Ⅱ-38　大学進学率の国際比較（文部科学省HP2018）

134 第Ⅱ部 ヨーロッパ

写真Ⅱ-44 オックスフォード大学
（井内編 1984）

写真Ⅱ-45 ケンブリッジ大学①

写真Ⅱ-46 ケンブリッジ大学②

ジオ：こうした光景が地名の発祥になったんだね。

◆大理石の教室

グラ：こうしたイギリスに対してフランスの大学をみると，25の学区と91の大学（2009年）があって，バカロレアという高校卒業資格の試験に合格すれば，大学の入学許可が得られて，登録料を納めればあとは無料なの。社会主義国だから，学費を始めとして国が費用を保障しているのね。
　フランスでは，学部の3年間と大学院の修士課程の2年間を終えて就職するのが一般的だけど，バカロレア合格者が希望の学部に入れないという問題もおきているの。
　パリのソルボンヌ大学は1253年の創立で大理石の階段教室もあるわね（写真Ⅱ

写真Ⅱ-47　階段教室での講義（高橋編 1983）

写真Ⅱ-48　パリ第 6 大学

写真Ⅱ-49　ライデン大学周辺

写真Ⅱ-50　レンブラントの像とライデン大学

-47）。また，他の大学では高層の校舎が建ち並んで（写真Ⅱ-48），エレベータからはあふれるように学生が出てくるのよ。

グラ：オランダのライデンは大学都市で（写真Ⅱ-49），1575 年にオランダ最初の大学が設立されたの。シーボルトがいたこともあり日本との関わりが深くて，1855 年に日本学科が設置されたの。また，バロック絵画のレンブラントの生まれ故郷でもあるのよ（写真Ⅱ-50）。

11. 都市と人びとの生活

a. 都市の形成

グラ：ヨーロッパの都市の形成は，エーゲ海や地中海沿岸地域から始まったといわれているの。ギリシア文明やエーゲ・クレタ・ミケーネといった古代文明の諸都市は，エーゲ海や地中海の海洋交通を基礎として発達したの。これに対して，北西ヨーロッパ地域の都市の発達は遅れるのよ。

北西ヨーロッパで都市が形成されるのは5世紀になってからで，この頃からローマ帝国による植民都市の形成が盛んにおこなわれるのね。

ジオ：この植民都市のことをコロニアというよね。

グラ：そう。ドイツの西部のライン川流域にケルンという都市があるけど（図Ⅱ-39），この街はコロニアに由来したの。このケルンの水のことをフランス語で「eau de Cologne オーデコローニュ」というのよ。

ジオ：オーデコロンというのは……。

グラ：イタリア人がオーデコロンという商品名で最初に売り出したの。これは1709年に

図Ⅱ-39 ライン川流域（マイクロソフト 2001）

写真Ⅱ-51　ヌブリザークの城壁都市（髙橋編 1984）

写真Ⅱ-52　ナールデン
（日本旅行業協会 HP2018）

　　　つくられた香水の一種で，特に床まき香水とよばれる香りの薄いものだったのよ。欧米人は家の中でも靴ばきだから，欧米ではじゅうたんやカーペット用の香水として利用されているの。

グラ：北西ヨーロッパでの都市の発達は，中世以降に顕著になって，城郭都市が形成されるのよ。ブルクやブール，キャッスルという地名接尾語のつく都市がそれで，デュイスブルクやシェルブール，ニューキャッスルなど，城郭都市に由来する地名は非常に多いわね。
　　　フランスの東部のドイツとの国境付近にストラスブール（図Ⅱ-39）という都市があって，そこにヌブリザークという八角形をした城郭都市があるの（写真Ⅱ-51）。中央に教会と広場，四つの城門があって，二重の城壁の間にはかつて堀があったけど，今は埋め立てられているわね。
ジオ：整然とした街の美しさがあるね……。

写真Ⅱ-53　ネルトリンゲン（浮田編 1984）

グラ：オランダでは，アムステルダム近くのナールデンという 14 世紀につくられた六角形の要塞都市があるの（写真Ⅱ-52）。やはり中央に教会と広場があって，二重の堀で囲まれているわね。函館にある五稜郭は，このナールデンをモデルにしたといわれているのよ。
　　　ドイツには，バイエルン州の中心部にネルトリンゲン（写真Ⅱ-53）という城郭都市があって，ここには聖ゲオルクス教会と広場を中心に五つ

図 II-40　ヨーロッパ⑤（マイクロソフト 2001）

の市門があるの。

中世の城郭都市は，城壁の外にフォブールという商人の定住区をおいていて，これは経済的な中心地を核に形成されたものだけど，都市はこのフォブールを城壁内に取り込みながら市域を拡大していったのよ。特に 12 世紀に都市が増加するけど，これがヨーロッパにおける都市化の第 1 の波ね。

その後，近世になると，パリやローマといった首都的な都市やウィーンやカールスルーエ，ミュンヘンなどの宮廷都市が発達したの。でも，これらを除けば都市の発達は停滞して，新しい都市の出現はみられないの。

グラ：そして近現代になると，第 2 の都市化の波が訪れるのよ。この近現代の都市の発達は，二つの観点から捉えることができるわね。

まず，産業革命以後の工業化の進展に伴って都市が発達したもので，イギリスのイングランドから北フランス，ベルギー，ドイツにかけての諸都市がそれね。イングランドではマンチェスターやリバプール，北フランスではリールやメス，ベルギーではリエージュやナミュール，ドイツではルール地方の諸都市が工業化に伴って発展してきたの（図 II-40）。

ジオ：もう一つの観点は？

グラ：第 3 次産業や管理中枢機能の集中に伴って都市が形成されたもので，これによって首都をはじめとする地方中心都市が発達したの。ヨーロッパの都市は，城郭都市や放射状の都市が多いよね。また農村部の集落は塊状になっていて，統一された美しさがあるの。

それは，そこに住んでいる人びとの集落に対する価値観の違いにあるといわれているのよ。ドイツでは，都心部の建築物の高さの上限は 20m に規制されているし，

ベルリンでは 40m に制限されているの。

b. 都市計画

◆「ハリーポッター」の舞台

グラ：次に，イギリスのニュータウン計画についてみると，ロンドン中心街をセントラルロンドンといって（図Ⅱ-41），銀行や証券取引所，王立取引所などの金融街（写真Ⅱ-54）やリージェント通りやピカデリーサーカス（写真Ⅱ-55）に代表される繁華街があるの。

バッキンガム宮殿の周辺には，グリーン・セントジェームズ・ハイド・リージェントといった広大な面積のパークがあるのよ。ハイドパーク（写真Ⅱ-56）はウエストミンスター寺院の所有するハイドという庄園で，森林の一部がそのまま保存されたものなの。パークのベンチに座っていると，リスが寄ってくることもあるのよ（写真Ⅱ-57）。

ジオ：……。

グラ：ロンドンでは，市民一人当たりの公園面積が東京の 10 倍以上もあるの。

ジオ：身近な自然を大切にしてきた国民性がわかるね。

グラ：また，ラッセルスクエアの周辺は大英博物館や図書館，ロンドン大学（写真Ⅱ-58）などの学術地域になっているわね。

ジオ：キングスクロス駅（図Ⅱ-41）があるけど，「ハリーポッター」でおなじみの駅だね。

グラ：ケンブリッジ行きの始発駅ね。

ジオ：映画ではホグワーツ特急の始発駅になっていて，映画上映後に「9 と 4 分の 3 プ

図Ⅱ-41　ロンドン中心街（井内編 1984）

140　第Ⅱ部　ヨーロッパ

写真Ⅱ-54　ロンドンの金融街（澁沢・佐野監 1986）

写真Ⅱ-55　ロンドンの繁華街（澁沢・佐野監 1986）

写真Ⅱ-56　ロンドンのハイドパーク（澁沢・佐野監 1986）

写真Ⅱ-57　ハイドパークのリス

写真Ⅱ-58　ロンドン大学

　　　　　ラットホーム」ができたよね。フォードのアングリアが上を飛んだセント・パンク
　　　　　ラス駅やグレンフィナン陸橋，ホグワーツ特急の終着駅のゴースランド駅，オック
　　　　　スフォード大学のクライスト・チャーチなど，映画の舞台になったところが多いよね。
　　グラ：……。
　　　　　話を戻すね。1946年にニュータウン法が成立して，このセントラルロンドンから
　　　　　半径30〜50km圏に職住近接の衛星都市が32建設されたの。それが，ハーロー
　　　　　やクローリー，スティブネイジ，ウエリンガーデンシティなどで，あわせると人口

11．都市と人びとの生活　141

図Ⅱ-42　ロンドン・リージョン（井内編 1984）

　　は200万人以上になるの。また，20〜30km圏にはグリーンベルトを設けてロンドンの都市域と分けているの（図Ⅱ-42）。
ジオ：日本のように通勤地獄はないんだ……。
グラ：ケンブリッジとオックスフォードは，実線で囲ったロンドン・リージョンよりも外に位置しているのよ。

c．街の景観

◆カンバンのない美しい街

グラ：パリの凱旋門の周りは自動車道になっているので（写真Ⅱ-59），地下道を通って凱旋門の下まで行って，階段やエレベータで博物館と屋上に上がるの。これは，凱旋門からみたパリ市街の景観ね（写真Ⅱ-60）。

写真Ⅱ-59　パリの凱旋門（市川ほか監 1986）

写真Ⅱ-60　パリ市街

写真Ⅱ-61　ラ・デファレンス地区（渋沢・佐野監 1986）

写真Ⅱ-62　カールスルーエ（浮田編 1984）

写真Ⅱ-63　京都四条河原町

ジオ：整然とした街並みだね。
グラ：電柱を地下に埋設して建物の高さを25mに制限しているから，建物と街路樹の調和の美しさがあるよね。一方，郊外の副都心ラ・デファレンス地区（写真Ⅱ-61）やモンパルナス周辺では，大規模な再開発が進められたの。
　　　ドイツのカールスルーエ（写真Ⅱ-62）という放射状の計画都市は，カール・ウィルヘルム伯が建設したもので，「カール侯の休息所」という意味なの。これはバロック期の代表的な都市で，整然とした町並みと森の美しさが調和しているわね。1752〜85年に建てられたこの宮殿は今は博物館になっているのよ。
　　　ヨーロッパでは「人の住まないような町は町ではない」という考えが根底にあるの。つまり，人間優先の思想・ヒューマニズム，これがヨーロッパ文明の根幹をなすのよ。
ジオ：逆に，この思想が自然環境を破壊し続けてきたという弊害もあるよね。
グラ：それはともかくとして，ヨーロッパの都市の商店街の多くは，午後6時の教会の鐘とともに店を閉めるのよ。
ジオ：逆に日本では，午後6時になるとネオンをつけて開店する店があるよね。
グラ：……。
　　　ヨーロッパには一人ひとりの夜の時間を大切にするという思想があるし，ヨーロッパの都市は地下に駐車場を整備して景観を大切にしているわね。
　　　ジオ，日本の街はCMの街といわれるよね。どこに行ってもカンバンや電柱。京都の四条河原町周辺では電柱の地中化ですっきりした街並みになったし（写真Ⅱ-63），電柱のない街が増えてきているのよ。
ジオ：日本の街からカンバンとネオン，そして電柱がなくなったら，どんなに美しい街になるか。こうした街の景観や建物の外観に日本人はなぜ無関心なんだろうね……。

おわりに

　世界の地誌のなかでも，ここでは日本人にとって関心の高い東アジアとヨーロッパをとりあげた。

　日本では，文化の東西性と方言の周圏論に焦点をあて，その自然的・地域的・歴史的背景を探った。朝鮮半島では，韓国を中心にその地誌的事象を紹介し，また項目によっては南北の状況を比較するとともに両者の関係を示した。また，中国と台湾，モンゴルでは，各国のトピカルな状況を取り上げた。さらに，EU として一つの共同体になろうとしているヨーロッパの自然と人文現象をまとめ，また各論では特色ある国の状況を述べた。

　ここでは，まず自分たちの住んでいる地域を知って，他の地域を知る。日本を知り世界を知って，その違いを理解する。そして，その違いの背景は何なのかを追究したうえで，その因果関係を明らかにする。さらに，情報化社会のなかで失われつつある文化の現状を理解することをねらいとした。

　こうした地域の独自性を生み出す背景として，その地域の風土があり，それをベースに，そこに住む人びとが育み培ってきた歴史や文化がある。

　21 世紀は国際化の時代とよくいわれる。自分たちの住んでいる地域が世界のなかでどのように位置づけられるのか。この地域の旅でみてきたように，世界的な視野でまた視点を変えて地域をみていく必要がある。

　最後になりましたが，本書の刊行をご快諾賜りました古今書院の橋本寿資社長に御礼を申し上げます。また，ご多忙のなか編集をご担当いただきました原 光一氏には，本書の構成等でご検討をいただき，ご教示を賜りました。重ねて厚く御礼を申し上げます。

　　　2019 年 7 月　　　　　　　　　　　　　　　　　　　　　　　　外山秀一

文献・資料

【文献・資料】

青葉 高 1981『ものと人間の分化史 43 野菜－在来品種の系譜－』法政大学出版会.

赤木祥彦編 1985『週刊朝日百科 世界の地理 77 大韓民国』朝日新聞社.

赤木祥彦編 1985『週刊朝日百科 世界の地理 78 朝鮮民主主義人民共和国』朝日新聞社.

秋山元秀編 1985『週刊朝日百科 世界の地理 73 中国 3 華中』朝日新聞社.

網野善彦 1982『東と西の語る日本の歴史』そしえて.

荒牧重雄・鈴木秀夫監著 1986『日本列島誕生の謎をさぐる』福武書店.

李 弘鐘・高橋 学 2008『韓半島中西部地域の地形環境分析 (ハングル)』スキョン文化社.

井内 昇編 1984『週刊朝日百科 世界の地理 21 イギリス 1』朝日新聞社.

泉 靖一ほか 1978「日本文化の地域類型」大野・祖父江編『日本人の原点 (2) 文化・社会・地域差』至文堂.

岩瀬 朗編 2010『欧州 魅惑のオリエント急行』集英社.

浮田典良編 1984『週刊朝日百科 世界の地理 23 西ドイツ 1 北部』朝日新聞社.

浮田典良編 1984『週刊朝日百科 世界の地理 24 西ドイツ 2 南部』朝日新聞社.

浮田典良編 1984『週刊朝日百科 世界の地理 25 オランダ』朝日新聞社.

浮田典良編 1984『週刊朝日百科 世界の地理 50 日本の暮らしと文化』朝日新聞社.

浮田典良編 1985『週刊朝日百科 世界の地理 76 中国 6 台湾・香港・マカオ』朝日新聞社.

梅原 猛・安田喜憲編著 1995『縄文文明の発見－驚異の三内丸山遺跡』PHP 研究所.

大石貞男 1989『東西の食文化－日本のまんなかの村から考える』農山漁村文化協会.

大野 晋 1957『日本語の起源』岩波書店.

大野 晋ほか 1981『東日本と西日本』日本エディタースクール出版部.

大林太良 1990『東と西 海と山－日本の文化領域』小学館.

岡田康博・NHK 青森放送局編 1997『縄文都市を掘る』日本放送出版協会.

尾本恵一 1982『日本人の地域性に関する研究方策の検討』

片平博文ほか 2017『新詳 地理 B』帝国書院.

加藤千洋 1991『中国の「一人っ子政策」』岩波書店.

鎌木義昌編 1965『縄文時代 日本の考古学 II』河出書房新社

川田順造編 1984『週刊朝日百科 世界の地理 30 民族と言語』朝日新聞社.

河野友美 1991『食の科学選書 3 食文化と嗜好』光琳.

河野通博編 1985『週刊朝日百科 世界の地理 72 中国 2 華北』朝日新聞社.

木村尚三郎監 1985『学研スライド 東アジア文化圏』学習研究社.

栗原尚子編 1984『週刊朝日百科 世界の地理 15 スペイン 2 西部・南部 ポルトガル』朝日新聞社.

月刊しにか編集部編 2002『まるごと韓国』大修館書店.

小泉 格・安田喜憲編 1993『海・潟・日本人－日本海文明交流圏』講談社.

五条啓三 1985「『日本言語地図』を利用した語彙による日本語の方言区画」国語学 141.

駒井正一編 1985『週刊朝日百科 世界の地理 75 中国 5 中国西部 モンゴル』朝日新聞社.

小山修三 1984『縄文時代－コンピュータ考古学による復元』中央公論社.

坂口慶治ほか編 1993『アジアの何を見るか』古今書院.

佐賀県教育委員会編 1990『環濠集落 吉野ヶ里遺跡 概報』吉川弘文館.

佐賀県教育委員会編 1990『吉野ヶ里遺跡発掘調査概報』佐賀県教育委員会.

佐賀県教育委員会編 1993『吉野ヶ里遺跡発掘調査概報』佐賀県教育委員会.

佐々木高明 1991『日本の歴史① 日本史誕生』集英社.

佐々木高明 1993『日本文化の基層を探る－ナラ林文化と照葉樹林文化』日本放送出版協会.

柴田 武 1958『日本の方言』岩波書店.

昭文社 2003『個人旅行⑦韓国』昭文社.

菅家 洋他編 2011『週刊世界遺産 57 ドゥブロヴニクの旧市街』講談社.

鈴木秀夫 1978『森林の思考・砂漠の思考』日本放送出版協会.

鈴木秀夫・久保幸夫 1980『日本の食生活』朝倉書店.

スタジオジブリ編 1996『スタジオジブリ作品関連資料集Ⅲ』株式会社スタジオジブリ.

高木勇夫 1985『条里地域の自然環境』古今書院.

高橋伸夫編 1983『週刊朝日百科 世界の地理 11 フランス 1 パリとその周辺』朝日新聞社.

高橋伸夫編 1983『週刊朝日百科 世界の地理 12 フランス 2 北部』朝日新聞社.

竹内啓一編 1984『週刊朝日百科 世界の地理 16 イタリア 1 北部』朝日新聞社.

竹内啓一編 1984『週刊朝日百科 世界の地理 17 イタリア 2 南部』朝日新聞社.

竹内 均編 1994『Newton 別冊 古代遺跡と伝説の謎』教育社.

武光 誠 1998『名字と日本人』文春新書.

辰己 勝・辰己眞智子 2012『図説 世界の地誌』古今書院.

田辺 裕 1983『解明新地理』文英堂.

田辺 裕監・諏訪哲郎訳 1996『図説大百科世界の地理 20 中国・台湾・香港』朝倉書店.

田辺 裕監 1998『図説大百科世界の地理 22 日本・朝鮮半島』朝倉書店.

谷川健一ほか 1986『日本民俗文化大系 1 風土と文化』小学館.

地学団体研究会京都支部編 1976『京都五億年の旅』法律文化社.

地理教育研究会編 1994『90 年代 授業のための世界地理』古今書院,

徳木吉春・中島紳介編 2015『ジブリの大博覧会展』株式会社スタジオジブリ.

徳川宗賢・W.A. グロータース編 1976『方言地理学図集』秋山書店.

徳川宗賢編 1979『日本の方言地図』中央公論社.

徳川宗賢 1986「日本の方言圏」谷川健一ほか編『日本民俗文化体系第 1 巻 風土と文化－日本列島の位相』
　小学館.

外山秀一 2006『遺跡の環境復原－微地形分析，花粉分析，プラント・オパール分析とその応用』古今書院.

豊田 薫ほか 1982『地理のとびら－授業の役にたつ話』日本書籍.

豊田 薫ほか 1983『地理のとびら 2 －授業の役にたつ話』日本書籍.

豊田 薫ほか 1984『地理のとびら 3 －授業の役にたつ話』日本書籍.

豊田 薫ほか 1992『新・地理のとびら 1 －授業の役に立つ話』日本書籍.

豊田 薫ほか 1992『新・地理のとびら 2 －授業の役に立つ話』日本書籍.

中西 進・安田喜憲編 1992『謎の王国・渤海』角川書店.

野間晴雄 1991「食文化要素からみた近江・伊賀・伊勢三国国境地帯の意義」滋賀大学区教育学部紀要 41.

埴原和郎 1993「日本人二重構造論」梅原 猛・井東俊太郎監『海・潟・日本人－日本海文明交流圏』講談社.

林 和生編 1985『週刊朝日百科 世界の地理 74 中国 4 華南』朝日新聞社.

藤岡謙二郎編 1987『世界地誌』大明堂.

古畑種基 1962『血液型の話』岩波書店.

前島郁雄編 1984『週刊朝日百科 世界の地理 27 スイス オーストリア リヒテンシュタイン』朝日新聞社.

町田 洋・新井房夫 1992『火山灰アトラス』東京大学出版会.

松本 修 1993『全国アホ・バカ分布考－はるかなる言葉の旅路』太田出版.

松本秀雄 1991『日本人は何処から来たか－血液型遺伝子から解く』日本放送出版協会.

宮本 貢編 1993『原日本人 弥生人と縄文人のナゾ』朝日新聞社.

宮本常一 1977『宮本常一著作集 24 食生活雑考』未来社.

村川堅太郎ほか 1992『詳説 世界史』山川出版社.

諸澤正道監 1988『日本人はどこから来たか 日本人の起源展』読売新聞社.

安田喜憲 1980『環境考古学事始』日本放送出版協会.

柳田國男 1930『蝸牛考』刀江書院.

山口一夫 1991『全国方言たんけん』ポプラ社.

山崎真治ほか 2011「日本における更新世人骨研究の現状と課題－沖縄県石垣市－白保竿根田原洞穴遺跡の発掘調査から－」日本旧石器学会ニュースレター委員会ほか編『日本旧石器学会ニュースレター』17 号.

山本正三ほか 1992『詳説 新地理』二宮書店.

山本正三ほか 2017『新編 詳解地理 B』二宮書店.

【地図・統計・写真資料】

市川正巳・西川 治・小峰 勇監 1986『現代の地理①人類と地球』学習研究社.

市川正巳・西川 治・小峰 勇監 1986『現代の地理②人口，資源・産業Ⅰ』学習研究社.

市川正巳・西川 治・小峰 勇監 1986『現代の地理④生活と地域』学習研究社.

市川正巳・西川 治・小峰 勇監 1991『世界地理 国土のすがた』学習研究社.

澁沢文隆・佐野金吾監 1983『世界地理 人々の生活と環境』学習研究社.

澁沢文隆・佐野金吾監 1985『世界地理 アジア』学習研究社.

澁沢文隆・佐野金吾監 1986『世界地理 ヨーロッパ (EC)・ロシアと近隣諸国』学習研究社.

帝国書院編集部編 1992『新詳高等地図』帝国書院.

帝国書院編集部編 2002『新詳高等地図』帝国書院.

二宮書店編集部 1995『高等地図帳』二宮書店.

二宮書店編集部 2006『高等地図帳』二宮書店.

二宮書店編集部 2010『基本地図帳』二宮書店.

二宮書店編集部 2017『データブック オブ・ザ・ワールド 2017 年版』二宮書店.

【新聞記事】

「一人っ子実現 地域で落差」中日新聞社 1992.8.16

「山峡工程大江截流成功」解放日報社 1997.11.9

「中国・長江大水害」中日新聞社 1998.8.11

「南北明暗くっきり」中日新聞社 2000.5.13

「変貌する中国経済」中日新聞社 2002.11.17

「塗り替わるヨーロッパ地図」中日新聞社 2003.11.22

「ＥＵ拡大 25 ヶ国に」中日新聞社 2004.5.1

「大欧州の壮大な実験」中日新聞社 2004.5.2

「欧州の財政危機」中日新聞社 2011.1.17

【インターネット資料】

稲荷寿司 ia.m.wikipedia.org

国内最古の顔公開 沖縄発見の人骨から復元 日本経済新聞 https://www.nikkei.com

三峡ダム epochtimes.jp

大学進学率の国際比較 文部科学省 www.mext.go.jp

台湾 衛星写真 国土地理院 www.gsi.go.jp

ナールデン 日本旅行業協会 jata-net.or.jp

日本列島雑煮文化圏図 www.konishi.co.jp

琉球新報 ryukyushimpo.jp

EU 加盟国図 http://opti.co.jp

【ビデオ・CD・DVD 映像資料】

秋山芳弘監 2010「DVD でめぐる世界の鉄道 絶景の旅 欧州 魅惑のオリエント急行」集英社.

写真化学 1994「Space Walk JAPAN」

マイクロソフト 2001「エンカルタ百科地球儀 2001」

NHK 2009「麺 (めん) の起源を探れ－ヌードルロードをたどる旅」

NHK 2016「揺れる一人っ子社会－中国」

NHK 2019「体感グレートネイチャー"怪速"！大隆起の絶景－美麗島台湾」

著者紹介

外山秀一（とやま　しゅういち）

1954 年　宮崎県生まれ.
帝京大学山梨文化財研究所 古植物・地理研究室長を経て,
現在, 皇學館大学文学部教授.　博士（文学）（立命館大学）.
専門：地理学・環境考古学.
主要業績：『遺跡の環境復原』古今書院
　　　　　　『自然と人間との関係史』古今書院
　　　　　　『ジオとグラフィーの旅 1 環境と人の旅』古今書院
　　　　　　『ジオとグラフィーの旅 2 自然の旅』古今書院
　　　　　　『ジオとグラフィーの旅 3 人の旅』古今書院
　　　　　　『ジオとグラフィーの旅 4 衣食住の旅』古今書院（以上, 単著）
　　　　　　『日本文化のなかの自然と信仰』大神神社（共著）
　　　　　　『古代の環境と考古学』古今書院
　　　　　　『講座 文明と環境 3 農耕の起源』朝倉書店
　　　　　　『縄文文明の発見－驚異の三内丸山遺跡－』ＰＨＰ研究所
　　　　　　『講座 文明と環境 5 文明の危機』朝倉書店
　　　　　　『空から見た古代遺跡と条里』大明堂
　　　　　　『現代の考古学 3 食糧生産社会の考古学』朝倉書店
　　　　　　『韓国古代文化の変遷と交渉』書景文化社
　　　　　　『The Origins of Pottery and Agriculture』Roli Books
　　　　　　『環境考古学ハンドブック』朝倉書店
　　　　　　『地形環境と歴史景観－自然と人間の地理学－』古今書院
　　　　　　『近畿 I　地図で読む百年』古今書院
　　　　　　『澧縣城頭山』文物出版社
　　　　　　『アジアの歴史地理 1 領域と移動』朝倉書店
　　　　　　『縄文時代の考古学 3 大地と森の中で』同成社
　　　　　　『Water Civilization』Springer
　　　　　　『環境の日本史 2 古代の暮らしと祈り』吉川弘文館
　　　　　　『人間と環境』（ハングル）韓国考古環境研究所ほか　（以上, 分担執筆）
　　連絡先　toyama@kogakkan-u.ac.jp

書　名	**ジオとグラフィーの旅　5　東アジアとヨーロッパの旅**
コード	ISBN978-4-7722-4212-7 C1025
発行日	2019 年 7 月 20 日　初版第 1 刷発行
著　者	外 山 秀 一　　©2019 TOYAMA Shuichi
発行者	株式会社古今書院　橋本寿資
印刷者	太平印刷社
発行所	古今書院　〒113-0021　東京都文京区本駒込 5-16-3
電　話	03-5834-2874
ＦＡＸ	03-5834-2875
ＵＲＬ	http://www.kokon.co.jp/
	検印省略・Printed in Japan

いろんな本をご覧ください
古今書院のホームページ

http://www.kokon.co.jp/

★ 800点以上の**新刊・既刊書**の内容・目次を写真入りでくわしく紹介
★ 地球科学やGIS, 教育など**ジャンル別**のおすすめ本をリストアップ
★ **月刊『地理』**最新号・バックナンバーの特集概要と目次を掲載
★ 書名・著者・目次・内容紹介などあらゆる語句に対応した**検索機能**

古 今 書 院
〒113-0021　東京都文京区本駒込 5-16-3
TEL 03-5834-2874　　FAX 03-5834-2875
☆メールでのご注文は order@kokon.co.jp へ